アメリカ英語による
アメリカ流交渉術

浅見ベートーベン

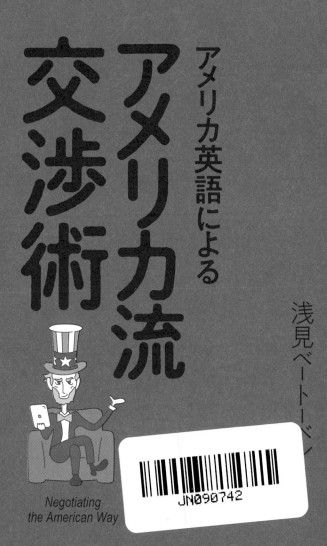

Negotiating
the American Way

IBCパブリッシング

編集協力 ＝ 岡本茂紀(株式会社オフィス LEPS)、iTEP JAPAN

まえがき

　最初に、私がこの本を書きたいと思った動機についてお話しします。最近、本屋さんの棚に、英語でのビジネス交渉術に関する本を見かけるようになりました。ところが、それを執筆されている人たちには、実際に英語で交渉をした経験が明らかに欠けているのではないかということに気づきました。そのことに最初に気づいたのは、アメリカでスタートした現代の交渉術について書かれているはずのこれらの本が、アメリカ英語ではなく、イギリス英語で書かれているということでした。

　アメリカ英語とイギリス英語では表現が違い、話の進め方も微妙に違っています。また、イギリス英語には簡単なことも難解な表現で表すという特徴があり、論点が分かりにくくなりがちです。その反対にアメリカ英語は、交渉で使われる正式言語です。分かりやすく、交渉相手との違いを明確にして、それを解決するための多くの表現があります。

　私はIBMに勤務した36年間のうちの10年間、英語での交渉の仕事に当たりました。IBM本社が主催した交渉術の2週間のクラスにも参加しました。そのような訳で、私は英語の交渉に長らく専門に携わってきました。出版されている英語の交渉術の本には、専門家であれば当然気づくであろう、交渉のテクニックや言い回しの間違い、または不正確な記述が散見されます。そこで、私が学んだり実行してきたりしたスタンダードなアメリカ流交渉術についてどうしても説明したい、理解してそれを有効活用していただきたい、という気持ちから、全てアメリカ英語の表現を使って本書を執筆したのです。

この本では、さまざまな交渉術の特徴とそれらにちなんだ交渉の会話を、私の経験に基づいて紹介しています。また、交渉に役立つ類似表現や交渉のヒント、キーフレーズ、学んだ点を再確認するためのエクササイズも用意しています。交渉に関する注意点や心得も、英語交渉の10のコツとして冒頭に付け加えました。巻末には、私の長年の経験からぜひとも知っておいてほしいと思う、よく使われる交渉関連の200のフレーズを入れました。

　英語の交渉術関連の書物を選ばれる際には、その書物が理解しやすいか、実際に役立ちそうか、本当の専門家が執筆しているか、などの面から比較検討した上で購入していただきたいと強く思っています。この本が、皆さんが英語でビジネス交渉を行う際に役立つことを切に願っております。

浅見ベートーベン

目　次

値引きを要求する　　助けを求める　　　邪魔をする　　　　議事録を取る
値引きに応じる　　　反対する　　　　　チャートを見せる　会議を決める
質問する　　　　　　譲歩する　　　　　休憩を取る　　　　会議に出席する
目的を尋ねる　　　　譲歩を求める　　　仕事をやめる　　　会議を延期する
聞き返す　　　　　　断る　　　　　　　最新情報を伝える　会議をキャンセルす
説明してもらう　　　怒る　　　　　　　弁解する　　　　　る
提案する　　　　　　信じる　　　　　　謝る　　　　　　　残り時間
対案を出す　　　　　信じない　　　　　再検討を示唆する　締め切り
同意する　　　　　　論理的に進める　　要約する　　　　　借りる
感謝する　　　　　　感情的にならない　合意を導く　　　　途中退出する
助ける　　　　　　　交渉を中断する　　合意事項を確認する

英語で交渉するための
10のコツ

NEGOTIATION TECHNIQUES

英語で交渉を行う上で、戦術や言葉そのものを超えたところにも、いくつか
コツがあります。交渉に臨む前の準備や心構えや、交渉時に取るべき態度に関
するものなどを中心に、10のポイントを挙げました。

　これらを常に念頭に置きつつ、状況に応じた戦術と英語表現を駆使しながら、
効果的に交渉を進めてください。

◧ 十分なリハーサルを行う

　プレゼンテーションでもそうですが、交渉においてもリハーサルはとて
も大切です。社内の人に頼んで、交渉相手の役を演じてもらい、さまざまな
交渉術を使ってリハーサルをしてみてください。また、誰かにplay devils'
advocate（わざと反論する）をやってもらうのも一つの方法です。あなたの
言うこと一つ一つにけちを付けてもらい、それに対して上手に答えて交渉を
続けられるかどうかを試すことで、本番では度胸が据わってうまく交渉をす
ることができるようになるでしょう。ちなみに、リハーサルは少なくとも2回、
できれば3回行って、その都度問題になっているポイントを改善していくこ
とが大切です。

◨ 英文は基本の5文型で作る

　英文は、次の基本の5文型に従って作成する癖をつけてください。そうす
れば、交渉相手に自分の考えがきちんと伝わります。Sは主語、Vは動詞、
Cは補語、Oは目的語を指します。

第1文型「S+V」　　　The meeting has started already.
会議はすでに始まっています。

第2文型「S+V+C」　　This is my manager.
こちらは私の上司です。

第3文型「S+V+O」　　We reserved a meeting room.
私たちは会議室を予約しました。

第4文型「S+V+O+O」　We brought you a new quote.
私たちは新しい見積もりを持参しました。

第5文型 「S+V+O+C」　We should make this project a success.
私たちはこのプロジェクトを成功させなければなりません。

❸　難しい単語は使わない

　交渉にとって最も大切なことは、お互いに何を言っているのか何を伝えたいのかを理解し合うことです。相手を故意にだまそうとしたり、煙に巻いたりすることではありません。英語には「KISSの原則」というものがあります。このKISSは、書いたり話したりする際に心掛けるべき、Keep It Short and Simple（短く、単純に留めなさい）を意味する頭字語です。交渉は、自分のvocabularyの豊富さを相手に見せびらかす場ではありません。また、自分が難解な単語や表現を使うと、相手も同じレベルの単語や表現を使ってくる傾向があることを心に留めましょう。

❹　理解できない単語や表現は聞き返す

　相手が言った言葉の意味が分からないことは、全く恥ずべきことではありません。What do you mean by that?（それはどういう意味ですか？）と言って、聞き返してください。例えばsynergyという言葉が分からないときにはthatの代わりにsynergyを入れ、What do you mean by synergy?（シナジーとは、どういう意味ですか？）とすればより具体的です。また、相手の言葉が難しいと感じたときには、Please rephrase that.（別の言葉で言い換えてください）や、Please use much simpler words.（もっとやさしい単語を使ってください）などを使って、聞き直すようにしてください。理解できないまま交渉を進めることは、時間の無駄であり、誤解が生じる原因にもなります。相手の言っていることが理解できないのに、Yes, yes.などと相づちを打つことは決してしないでください。

❺　日本語と英語の結論の言い方の違い

　同じ日本人が、日本語と英語を話すときにまるで別人になることがあります。私が実際に経験したことですが、ある外資系の日本人社長は、日本語を話すときにはとてもおとなしく冷静なのですが、ひとたび英語を話すときには、積極的で攻撃的な人格に変化します。その変わり方があまりに大きいの

でびっくりさせられました。日本語と英語を話すときに、なぜこんなに大きな変化が起こるのでしょうか。日本語では、話をしていて相手の顔色が変わったら、このままではまずいと考えて、結論を変えることができます。例えば、「ここまでお話ししたことは事実ではありません」や、「やってはいけないことです」などと言うことができます。一方、英語ではこのようなことはできません。最初に自分の考えを決め、それをまず相手に伝えます。つまり結論を先に言います。話の途中で別の考え方になったり、結論を変えたりするようなことは許されません。そんなことをすれば、今まで話していたことはうそだったのかと、聞いている人を怒らせてしまうからです。

　例えば次の3つの例のように、最初に自分の立場や考え方を相手に伝えてから話を進めていきます。

⦿ Let me express my opinion on the subject.
　この件について私の意見を述べさせていただきます。

⦿ I believe that we need more funds on the project.
　われわれはこのプロジェクトにもっと予算が必要だと思います。

⦿ I don't agree with you. In fact, I have an entirely different opinion.
　あなたには同意できません。実は全く違った意見を持っています。

　ちなみに、相手が外国人でも互いに腹を割って話せば気持が通じると言う日本人がいます。正直言って、この考え方は甘いと言わざるを得ません。じっくりと話し合って分かるのは相手の考え方の詳細であって、同じ考え方ができるようになるわけではありません。

6　数字は暗記し、計算は何通りかしておく

　交渉の際には、大切な数字、例えば利益率やコストなどは、暗記しておく必要があります。いちいち自分のノートを見ながら話をしていたのでは、相手に甘く見られてしまいます。大切な数字は、ノートを見ないで口からすらすらと出てくるようになるまで練習をしてください。計算は何通りかしておくことが大切です。例えば売上高や利益率の違いなどは、Best Case

Scenario（最良のシナリオ）、Medium Case Scenario（中間のシナリオ）、Worst Case Scenario（最悪のシナリオ）の3種類のシナリオ別に会議の前にきちんとノートに書き留めておき、交渉相手に尋ねられたときにはすぐに答えられる準備をしておかなければなりません。特にアメリカ人の交渉担当者は、いろいろなケースを考えて、それぞれのケースについてきちんと計算してきます。日本人から見るとやり過ぎではないかと思うほど、あまり重要ではないと思えるケースまで時間をかけて計算して交渉に備えているのです。

7 交渉相手とその会社を調査する

　交渉相手およびその会社について、交渉の前にできるだけ詳しく調査することが大切です。その交渉相手の会社と自分の会社が今までにどのようなビジネスや交渉をしてきたのかを調べてみることが必要です。交渉相手はどういう性格なのか、怒りっぽいのか、冷静沈着なのか、おしゃべりなのか、無口なのか、明るいのか、暗いのか、自分の思っていることをはっきりと言うタイプなのか、なかなか本心を表さないタイプなのか、数字に細かいか、理屈っぽいかなどを、あらかじめ知っておくといいです。相手の会社については、業界における地位、売上高の推移、グループ企業があるか、どのような品質のどのような製品またはサービスを提供しているかなどを調べておくといいでしょう。

8 問題点と交渉相手は分けて考える

　交渉相手が嫌いだからといって、交渉自体も嫌いになってはいけません。交渉する問題点は問題点と捉え、その解決策を探す努力をする必要があります。交渉相手と気が合わないために交渉自体に嫌気が差して真剣に考えないというようなことは、決してあってはいけません。反対に、交渉相手の人柄がとても良くて気に入っても、無理な交渉条件を受け入れるようなことをしてはいけません。

9 声、目、握手

　交渉の際は、相手が聞き取れるように大きな声ではっきりと話さなければ
いけません。英語の発音は完璧でなくても、とにかく大きな声を出すように
日頃から練習しておくことが大切です。

　目については、自分が話すときも相手が話すときも、相手の目をじっと見
つめるようにしてください。相手の目を見ないで床や天井を見たりするよう
な癖は直さなければなりません。欧米人は話し相手が自分の目を見つめてこ
ないと、話していることに自信がないのか、または真実でないのかなどと疑
うものです。

　握手は、できるだけ強くしなければなりません。欧米では弱い握手をする
人は信用されません。欧米人は強く握手をしてきます。自分から先に握るよ
うにしないと、しびれるくらいに握られることがあるので注意してください。

10 服装、靴、帽子

　交渉相手よりもカジュアルな服装にならないように注意する必要がありま
す。ネクタイについては、きちんと締める、のど元に隙間を空けない、前と
後ろの長さを適切にそろえることなどに気を付けましょう。靴はきれいに磨
いておくことが大切です。また、帽子は室内では必ず取るようにしなければ
なりません。テレビを見ているとスタジオ内で帽子を被っているタレントが
いますが、もっての外です。

NEGOTIATION TECHNIQUES

英語交渉術
18のテクニック
概説編

日本人にとってはあまりなじみがないかもしれませんが、欧米人がビジネス場面で交渉する際に使う戦術は、ほぼ共通しています。欧米人との交渉に当たる日本人は、これらの戦術に精通していなければ、その役目を十分に果たすことはできないでしょう。交渉を担当する機会がない日本人ビジネスパーソンであっても、グローバル規模の仕事をする際の常識として、これらの戦術の概要を理解しておくのは大切なことと言えます。

　この本で紹介する戦術は、基本的に18あります。もちろん、他にも交渉戦術はありますが、これら18に精通していれば交渉人としては十分と言えます。BATNA（不調時対策案）など、戦術という名前を付けていないものもありますが、交渉の際に重要な役割を演じ、知っていなければならない考え方なので加えてあります。

交渉のテクニック 1

Good Guy / Bad Guy 「怒り役となだめ役」 戦術

実例編 ▶ p.30

　Good Cop / Bad Cop（良い警官と悪い警官）とも呼ばれます。テレビ番組などでもよく見られる方法です。1人の悪役の警察官がテーブルをたたいたりして容疑者を脅したすぐ後で、良い人役の警察官が優しい態度を取り、味方のふりをして、やんわりと供述を迫るやり方です。ビジネス交渉の際には、2人1組になり、1人が怒り役、もう1人がなだめ役を務めます。なだめ役は交渉相手に同情を示したり、味方になったふりをしたりして、譲歩を迫る戦術です。相手がこの戦術を使ってきたときの有効な対抗策は、この戦術を使っているのですね、と相手に釘を刺すことです。これをやると、相手側は、知られてしまったので仕方がないと諦め、それ以降、露骨な要求はしてこないと言われています。

交渉のテクニック 2

Highball/Lowball 「高い球と低い球」戦術

実例編 ▶ p.38

　交渉者の一方がとても高い金額を示し、それに対してとても低い金額で応えるというものです。その後、現実的な金額に落ち着くまで交渉を繰り返します。この進め方としては、高い金額を示している方が、自分の金額の妥当性を競合分析で主張します。一方、低い金額を示している方は、別の競合分析で相手の金額が法外であることを伝えるのが効果的です。どうしても決着がつかない場合には、相手に詳細なコスト分析を要求し、その内容が常識的、相場的、競合的に見て、妥当であるかどうかを検討することも効果的です。両者が高い金額と低い金額を言い合うだけでは、その後の関係が悪くなるばかりなので、避けなければなりません。

交渉のテクニック 3

The Nibble 「おまけ要求」戦術

実例編 ▶ p.46

　子供はこの戦術を使うのがとても上手です。ご飯の前にお菓子をちょっとだけねだって食べさせてほしいと言ったとします。その代わりに宿題をちゃんとやるからとか、お手伝いをするからと、交換条件を持ち出します。親も、そこまで言うのなら少しだけよなどと言って、ついつい要求に応じてしまいます。

　ビジネスの世界では、例えばスーツを買いに行き、支払いをする前に、靴下を1足おまけに付けてくれないか、と要求するようなやり方です。交渉が進み、妥結しそうな頃になって、議題に全く挙がっていないことを持ち出して要求することです。初めから伝えておくべきだったのに、ど忘れして申し訳ないなどと言い訳をしてから始めるのが普通です。しかし、それは取るに足りない要求で、交渉の妥結を妨げるほどではありません。相手にしてみれば、決まりかけている交渉を破棄するほどのことではないので、今後の関係を考えて、その要求を飲まざるを得ないことになります。このアプローチは、相手からの信用を失うことが多いものです。そして、将来、交渉相手からしっぺ返し、または別の形

での要求を受けることが往々にしてありますので、使う際には十分な注意が必要です。

　nibbleとは、ウサギなどが少しずつ餌を食べる様子を表しています。このテクニックは、交渉がまとまった後で、ほんの少しだけおまけをもらえるようにリクエストするものです。交渉金額の１パーセントから２パーセントくらいと言われています。決して相手の負担にならない程度にとどめる必要があります。また、このやり方は、ビジネス倫理上、交渉相手の信用を失ったり、この人とは今後あまり仕事をしたくないという気持ちにさせたりすることがあるので、使い方には十分に気を付けるようにHarvard Business Schoolでも教えています。この要求を受けた相手は、nibble backやcounter-nibbleと言われる「仕返し」のnibbleを要求してくることがよくあります。

交渉のテクニック 4

The Bogey　「お化け」戦術

実例編 ▶ p.54

　bogeyとは、現実に存在するか存在する怖れや心配のある物・人を意味します。交渉においては、例えばbogey役の人が、相手に対して10万ドルを支払いたいけれど今は8万ドルしかないと打ち明け、「取引をまとめるためにはどうすればよいでしょうか、何とか助けていただけませんか」と弱みを見せて同情心を誘うのです。これはとても有効な交渉手段です。売り手側は、このように買い手側が悩みを打ち明けて助けを求めてくると、それなら助けてあげようかという気持ちになるものです。そして、取引をまとめるために有効な提案をしてくれるでしょう。このアプローチを取ったからといって、必ずしも低価格で妥結できるとは限りませんが、思いもよらない方法を提示してもらって取引がまとまり、win-winの関係で終結する可能性のあるアプローチなのです。少なくとも、後味の悪い取引を避けたい場合には有効です。

交渉のテクニック **5**

Chicken 「臆病者」戦術

実例編 ▶ p.60

別々の車に乗った2人がお互いの車に向かって一直線に走行していくゲーム
をchicken (race) と呼びます。一方、映画『理由なき反抗』では2人が崖に向かっ
て別々の車で同時に走り出し、先に運転席から飛び出した方がchickenと呼ば
れ、より後まで乗っていた方はheroとあがめられました。このchickenの語源
は、1955年のこのアメリカ映画にさかのぼります。

交渉に当たる両者が強硬な態度を取り続け、プライドが邪魔をして双方とも
譲歩できない状況を作る戦術をchicken tacticと呼びます。どこまで相手が強
硬な態度を取り続けるのかを見極めることが大切です。厳しい条件を相手に突
きつけて、それをすぐに引っ込めたのでは、弱みを見せることになってしまい、
良い条件を引き出すことができません。しかし、強気一点張りで交渉を締結で
きないのでは、何も得られません。相手が出した条件のどこまでがbluff (こけ
脅し) で、どこからが本音なのかを見極めて、できるだけ自分に有利な形で交渉
締結するのが、この戦術の肝となります。

この戦術は、交渉相手に理不尽な要求をして、相手との交渉に応じる姿勢を
見せずに、その要求を死守しようとするものです。言い換えると、イチかバチ
かの交渉手段です。結果として、交渉相手に、もうこの人とは取引したくない
という気持ちを抱かせかねないのです。大変危険な交渉術なので、使う場合に
は十分な注意が必要です。相手の出方を読み違えると、交渉は決裂し、将来の
ビジネスも失いかねません。例えば、賃金を10パーセント上げてくれなければ
全労働者を引き上げて工場を閉鎖する、という労働組合の経営陣に対する脅し
のようなものです。要求内容がただのこけ脅しだとしても、労働組合側の要求
が聞き入れられなければ工場は動かなくなってしまいます。

Snow Job 「手の込んだうそ」戦術

実例編 ▶ p.66

　相手を多くの難しい専門用語や情報で煙に巻いて、交渉を自分にとって有利に持っていく戦術です。snow jobの語源はイディオムのsnow underにあると言われており、相手を雪の下に埋めてしまうことで、埋められた相手を周りがよく見えない状態にしようというものです。ちなみにsnow underは、「たくさんの仕事などに追いまくられている」という意味でも使われます。He was snowed under with e-mails.と言えば「彼はメールに追いまくられていた」ということです。

　snow jobにおいては、与える情報はうそだったり、間違っていたりするのが普通です。情報を与えられた方は、その内容が理解できなかったり理解するのに時間がかかったりするので、心に隙ができます。相手のその隙を突いて、交渉を有利に進めていくのです。

　相手がこの戦術を取ってきた場合は、相手の発言や提供してくる資料などを無視して、自分の質問への答えだけを要求し続けることが大切です。また、分かりにくい言葉ではなく理解しやすい言葉を使うように繰り返し要求し、相手の術中にはまらないように注意します。

　この戦術が成功するのは、相手をだますことができた場合です。従って、一度うまくいっても相手の信用を失ってしまうので、二度と同じ戦術を使うことはできません。典型的なwin-lose戦術と言えます。

BATNA　不調時対策案

実例編 ▶ p.74, 80

　BATNAはBest Alternative To a Negotiated Agreementの頭字語です。直訳すると「ある交渉で合意したことに次ぐ最善の選択肢」です。このBATNAを交渉の前に考えておき、その条件以下では同意しないのがこの交渉術の肝です。ある会社との交渉が決裂しそうなときに、他にも交渉相手がいることをほのめかし、現在交渉している相手にプレッシャーをかけてさらに良い条件を引

き出すための交渉術です。交渉相手はあなただけではないのですよと伝えれば、相手は他社にそのビジネスを取られては困ると考えて、値引きしてきたり、条件を良くしてきたりするものです。

大事なのは、相手にこちらのBATNAの詳細を伝えてはいけないということです。伝えてしまうと、相手がどのくらいの価格であれば交渉に勝てるかを判断できてしまう可能性があるからです。他の会社とも話し合いをしていることをほのめかす程度にとどめておかなければなりません。

交渉のテクニック 8

Defense In Depth 縦深防御／多層防御／多重防御

実例編 ▶ p.86

defense in depthは、日本語では「縦深防御／多層防御／多重防御」などと呼ばれています。元々は軍事戦略の一つで、昔から戦争で使われてきました。カルタゴの将軍であるハンニバルが、紀元前3世紀にローマ軍を大敗させるためにこの作戦を使ったことが知られています。また、アメリカが独立戦争で、イギリス軍に対してこの戦術を用いました。アメリカ軍はカウペンスの戦いで自分たちの戦列を3分割しました。それによりイギリス軍は、次々と新しいアメリカ軍の戦列と戦わなければならず、消耗していきました。イギリス軍の結束が乱れているのを見て取ったアメリカ軍は、攻め込んで歴史的な大勝利を得ました。

ビジネス交渉でも、この戦術が使われます。交渉相手に対して、自分たちの交渉担当者を次々に変更していきます。交渉相手は、そのたびに同じことを繰り返さなければならないので、いらいらしたり消耗したりしていきます。それこそが、この戦術の狙いなのです。疲れた相手がもうどうでもいいという気持ちになったところで、最終的な要求をします。この作戦は交渉相手に悪い印象を与えるので、win-winの結果は残しません。悪い印象を持たれても自分たちが有利な交渉結果を勝ち取ればそれでよい、という交渉に絞って使った方がいいでしょう。

Brinkmanship 「瀬戸際」戦術

実例編 ▶ p.96

　片方の交渉者が相手の交渉者をぎりぎり (brink) まで追い詰める交渉方法で、結果としてその交渉自体がだめになっても構わないという覚悟が必要です。相手が折れるまで攻め続けるところがchicken tacticと似ています。会社側と労働組合の間の賃上げ交渉やストライキ闘争などに主に使われます。もし交渉がうまくいっても、将来の関係に悪い影響を残すことがあります。この交渉術が利用された例に、キューバ危機があります。1962年に当時のソ連がアメリカのすぐそばのキューバに核ミサイルを配備し、それに反発したアメリカは海上封鎖をしました。本当に第三次世界大戦が起こるのではないかと世界が恐怖を感じましたが、一触即発の事態を救ったのはソ連のキューバからのミサイル撤去でした。これは、アメリカの大統領ジョン・F・ケネディと、ソ連の第一書記ニキータ・フルシチョフの下で起こった冷戦(cold war)でした。

Foot-in-the-Door
「フット・イン・ザ・ドア（最初のきっかけ）」戦術

実例編 ▶ p.104

　この交渉術は、訪問販売の営業担当者が、開いたドアを閉められないように自分の足を扉と枠の隙間に入れて営業トークを続けるところから来ています。最初に小さな要求をして、それが受け入れられると次にはさらに大きな要求をして客に受け入れてもらうというパターンです。人間の心理を利用した交渉テクニックです。人間は、自分の考えや行動に一貫性があるという印象を相手に与えたいと思っているそうです。最初に小さな要求を受け入れたら、より大きな要求も受け入れてあげないといけない、という気持ちになるわけです。次の例がこの交渉術の肝を表しています。

● 最初の小さな要求   ● 2度目の大きな要求

Can I go to your house this   ➡ Can I stay the night?
afternoon?   一晩、泊まってもいい？
今日の午後、君の家に行ってもいい？

Can I borrow $10 until tomorrow?   ➡ Can I borrow $100 over the
明日まで10ドル借りられますか？   weekend?
                                      週末に100ドル借りられますか？

May I turn in the report this   ➡ May I turn in the report next
afternoon?   week?
報告書の提出は今日の午後でいいですか？   報告書の提出は来週でいいですか？

交渉のテクニック 11

Door-in-the-Face
「ドア・イン・ザ・フェイス（門前払い）」戦術

実例編 ▶ p.110

　この交渉術は、本命の要求を通すために、相手が断るのを承知でまず過大な要求を提示し、思惑通りに相手が断ったら初めて本命の要求を出すものです。一般に、人間は借りができるとそのままでは気分が悪く、借りを返したり埋め合わせをしたりしなければならないという「返報性の原理」が働くものです。この心理を交渉に利用したものです。shut the door in the face（人の顔の前でドアをばたんと閉めて拒絶する）という表現が、この名前の由来です。

　一つの例をご紹介します。アメリカのある中古用品店の店主Ａと客Ｂとの会話です。

A: You must be an incredibly lucky customer.
   あなたは信じられないくらい幸運なお客さんですね。

B: Why do you think so?
   なぜそう思うのですか？

A: Because I feel like selling this German Black Forest clock to
   you for just $1,000.
   なぜなら、私はこのドイツの黒い森の掛け時計をたったの1000ドルで売りたい気
   分だからです。

B: I would be the stupidest customer to buy that clock for that price.
その値段でその掛け時計を買ったら、誰よりも間抜けな客になるでしょうね。

A: What do you say if I lower the price to $300?
300ドルにしたら、いかがでしょうか？

B: That's more like it. I may take it if you knock another $100 off.
そうこなくっちゃ。もしさらに100ドル下げてくれたら、買ってもいいですよ。

A: OK, you win. You can have it for $200.
あなたの勝ちです。200ドルでお持ちください。

　店主が、客に最初は1000ドルという価格を提示し、思惑通りに客がその値段を拒否すると、今度は3分の1以下の300ドルを提示します。店主が下げてくれたので借りができたような気になった客が、結局200ドルで購入することになりました。元々は、掛け時計など欲しくなかったかもしれない客に、この交渉術を使ってうまく売りつけた例です。

交渉のテクニック **12**

Escalation 「上申」戦術

実例編 ▶ p.118

　私が勤めていたIBMでは、部門間で決着がつかない問題はescalationという形で処理していました。例えば、営業部門が多くの客から要望のある新製品の開発を研究所に依頼したとします。ところが研究所は、現在すでに開発している製品で手いっぱいなので、新製品の開発をする余裕がないと拒絶します。それに対して営業部門は、多くの客の需要があるので、何とかして開発してほしいと要求を繰り返しますが、研究所は頑としてそのリクエストを拒絶し続けます。そこで、営業部門は伝家の宝刀であるescalationという手を使うことになるのです。
　やり方としては、研究部門の開発担当部長を飛び越して、最終決定権を持つ研究所長に直訴します。すると、escalationを受けた研究所長は、開発担当部長を呼び、その製品をなぜ開発できないのかについての詳細な説明をさせます。その製品の将来性や需要の大きさやコストなどから考えて、開発した方がよい

という結論に達した場合には、開発部長の拒絶を反故にして、その製品の開発を命じます。これをoverrideと呼びます。結果として開発部長のメンツは丸つぶれになります。そうすると、営業部門と開発部門の関係にひびが入って、将来にしこりを残しかねません。従って、むやみにこのescalationを使うべきではありませんが、他に手段がない場合には、自分が有利な立場に立つための有効な交渉術となるのです。

交渉のテクニック **13**

Mirroring 「正確な模倣」戦術

実例編 ▶ p.128

　FBIで人質解放の交渉人を長年務め、交渉術のベストセラー本を執筆したChris Voss氏は、次のように述べています。誘拐犯の心をつかむには、DJのような低い声で、相手が言った最後の3語を繰り返すことがとても有効だった、と。相手の言葉を繰り返すことにより、誘拐犯に自分は味方であるという印象を徐々に与えることができるそうです。そして、誘拐犯が交渉人を味方だと見なして気が緩むと、その結果、口数が多くなり、重要な供述をするようになるとのことです。人間は、自分と違うと感じた人たちには恐怖や疑いを抱きますが、同じ考えを持っていると感じた人たちには信頼感を抱く傾向があるそうです。この交渉術の肝は、相手の言葉を繰り返すことにより、相手に同意している気持ちを伝え、交渉を有利に進めることです。

　ちなみに、アメリカのレストランで、ウェーターによって受け取るチップの額の違いを調査したそうです。その結果、客に対して良い印象を与える目的で、Sure.（かしこまりました）やNo problem.（問題ありません）、Great.（素晴らしいですね）などと言うウェーターよりも、客の注文の言葉を忠実に繰り返すウェーターの方が、70パーセントも多くのチップをもらっていたそうです。この調査結果からも、人間は自分の言葉を忠実に繰り返す人のことを優遇することが分かります。

Time Pressure 「時間的制約」戦術

実例編 ▶ p.134

　時間的なプレッシャーを交渉相手に掛けることにより、交渉のテンポを速くしたり、緊張感を高めたりする戦術です。この戦術を仕掛けられた側は、あまりにも一方的な時期の変更を求められた場合には、その根拠を問いただすことが大切です。誰がその変更を決めたのか、その変更にどのような重要性があるのか、などを問いただすといいでしょう。

　時間的プレッシャーを掛けると、相手が急に真剣になり、新たに設定された期限を守ろうとして、プレッシャーを掛けない場合よりも交渉がうまく運ぶと言われています。しかし、そのプレッシャーは現実的で、達成可能なものでなければなりません。そうでないと、相手にただのはったりだと思われて、その後の話し合いがうまくいかなくなることがあるからです。この戦術を使う際には、メリットとデメリットを十分に検討してからにした方がいいでしょう。一般的に、立場が上の人が立場が下の人に対して使うと特に有効であると言われています。

Deadlines 「締め切り」戦術

実例編 ▶ p.140

　この戦術では、先に締め切りを決めた方が有利な立場になれると言われています。交渉事項の決定を早めるために使われることが多い戦術です。締切日を告げられた方は、それがはったりであり、何の根拠もない口から出まかせなのかどうかを、「はい」「いいえ」の答えでない、意見や本音を述べてもらう形式で問いただすことができます。例えば、「この締切日はどのような根拠に基づいて決めたのですか？」「この締切日を守れなかった場合には、どのようなペナルティーがあるのですか？」などの質問がいいでしょう。それと、もし相手がすでに一旦決まっていた締切日の変更を求めてきた場合には、その見返りに何かを要求するといいでしょう。そうすれば、相手も簡単には締切日を変えられなくなります。

　また、締切日を決める際に、最初に譲歩すべきではありません。そうすると、次々に譲歩を迫られることになるからです。締切日をなかなか決められないときには、双方が満足を得られる締切日が必ずあるはずだ、という前向きな気持ちで交渉を続けることが大切です。

　最後に、締切日を決める前に、それが絶対に変更できないものなのか変更可能なものなのかをはっきりと確認しておく必要があります。また、もし守れなかった場合の善後策も考えておくといいでしょう。

Flinch 「たじろぎ」戦術

実例編 ▶ p.148

　この交渉術は、日本人にはあまり向いていないかもしれません。それは、日本人の多くが誠実でつつましやかだからです。例えば、相手が提出してきた見積額を見たときに、口を大きく開けたり、目を見開いたり、頭を振ったり、ため息をついたり、急に黙ってしまったり、机をたたいたり、足で床をどんどんと踏みつけたりなど、不快な気持ちを表すことをflinchと呼びます。ある交渉術の本には、沈黙することをflinchだと書いてありましたが、それではあまりに言葉足らずです。電話での交渉であれば、わざと受話器を落とすような演技が有効です。その時に、あまりにも見積価格が高くて思わず受話器を落としてしまいましたよ、などと言い訳するとさらに効果が増します。こうした行動を取ると、それを見た相手側は、見積金額が想定よりもはるかに高かったのかと心配し始めます。一般に人間は、相手が怒ったり困ったりしているのを見ると、同情心を持つ傾向があります。そして、その気持ちを和らげるために、譲歩しなければならないという思いが芽生えます。その結果、自分から値下げを提案したりすることもあるのです。

　しかし、このやり方をあまりに頻繁に使うと、交渉相手のひんしゅくを買いかねません。この人とこの後も交渉を続けてもいいのだろうかという不安感を与えるかもしれません。あまりわざとらしい態度を取るべきではありません。誠実な気持ちを表すためにも、一度だけなど、大切な場面で使うような制限をつけておくといいでしょう。

Haggling 「値切り」戦術

実例編 ▶ p.154

　海外の土産物店で値引き交渉をしている状況を想像してみてください。例えば、50ドルの値の付いたフクロウの置き物を「いくらまけてくれますか」と言って、値引き交渉を始めたとします。売り手が「それでは、10ドル引いて40ドルにしましょう」と答え、それに対してあなたは「10ドルにしてほしい」と伝えます。相手は少しずつ値段を下げていきますが、あなたは繰り返し「10ドル」と言い続けます。相手は20ドルまで値引きしたところで、それ以上はなかなか下げてくれなくなりました。そこで、あなたの方から「では15ドルではどうですか」と言うと、相手は笑って「それでOKです」と言い、取引が成立しました。

　このように、しつこく自分の提示価格を連呼する交渉術のことをhagglingと呼びます。旅行先で土産物を買うような場合には、このような交渉はごく普通のことで、売り手も楽しんでいます。これをビジネス交渉でも応用しようというわけです。他の交渉術とは違い、ほとんど論理的な根拠のない交渉なので、相手の顔色を見ながら、これ以上値引きを強要すると今後の関係に悪い影響を与えると感じたら、そこで値引き交渉を中止するといいでしょう。しかし、自分が最初に言った値段を簡単に変更すべきではありません。一度変更すると、相手はそこに付け込んできて、何度も値段の変更を要求してくるかもしれないからです。ビジネスでは、値引きを要求する際には少しずつ譲歩すると、交渉をうまく運ぶことができます。例えば、購入数量を増やしたり支払い条件を良くしたりすると、それに応じた相手の譲歩を引き出すことができます。

交渉のテクニック 18

Win-Win 「ウィン・ウィン」戦術

実例編 ▶ p.162

交渉している両サイドが満足した状態で終わる交渉をwin-winと言います。「両方とも勝ち」という意味です。これの反対はwin-loseと言います。こちらは、片方だけが交渉目標を達成し、相手方は全く何も欲しいものが入手できない結果をもたらすものです。

win-winは、交渉相手が求めているものを探り出し、それを相手に与える準備を行い、自分の求めているものと交換することによって両者が満足を得る交渉術です。win-winを成功させるためには、次のような事柄に注意を払う必要があります。

● 交渉相手は、本心では見かけほどあなたの提案に反対しているわけではない。
● 共通の目標に向かって互いに協力すれば、交渉はうまくいくものである。
● 人間は、相手が自分の立場や考え方を考慮してくれていると感じると、逆に相手の立場にも配慮しようとするものである。
● たとえ交渉相手の人間性が気に入らなくても、交渉内容とは分けて考えなければならない。

NEGOTIATION TECHNIQUES

英語交渉術
18のテクニック

実例編

■ **Good Guy / Bad Guy**

At an Electric Appliance Store

A = Husband
B = Wife
C = Peter, the Store Clerk

A: Hi, I'm interested in this large screen LED TV model by MG.

C: I'm Peter. You have good taste, but I recommend the Zony TV set over there.

A: Why do you recommend that Zony TV set? It is $1,500 more expensive than the MG model.

C: To tell you the truth, we have a large inventory of this Zony model. So we can offer you a deeper discount for it.

A: That sounds good. How much of a discount are you offering?

C: We can offer a deep discount of $1,500.

A: What is your deepest discount for the MG model?

C: Unfortunately, we can only offer a $200 discount.

A: Let me see. Both have a 62-inch screen. The Zony model's original price is $3,800, which will become $2,300 after the discount. As for the MG model, the original price is $2,200, and after the discount it will be $2,000. There is only a difference of $300.

Vocabulary

☐ store clerk　店員
☐ a large inventory of~　~の大量の在庫
☐ Unfortunately　残念ながら
☐ Let me see.　ええと、そうですね。
☐ original price　元の値段

■「怒り役となだめ役」戦術

電器店でテレビの値下げを迫る

概説編 ▶p.14

A＝夫
B＝妻
C＝店員、ピーター

A: やあ、このMG製の大画面のLEDテレビに興味があるんですが。

C: ピーターと申します。趣味がよろしいですね。でも、私はあそこにあるZonyのテレビをお勧めします。

A: なぜ、あのZonyのテレビを勧めるのですか。MGのモデルよりも1500ドル高いのに。

C: 本当のことをお話しすると、このZonyのモデルは在庫がたくさんあるので、より大幅な値引きができるのです。

A: それはいいですね。どのくらい値引きできるのですか？

C: 1500ドルの大幅値引きをご提供できます。

A: MGのモデルは最大でどのくらい値引きできますか？

C: 残念ながら、200ドルしか値引きできません。

A: ちょっと考えさせてください。両方とも画面サイズは62インチですね。Zonyのモデルの定価は3800ドルですね。それが、値引き後に2300ドルになるのですね。MGのモデルの方は、定価が2200ドルで、値引き後に2000ドルになるのですね。たったの300ドルしか違いがないのですね。

□ as for ~ ~について言えば

C: That is exactly right.

A: But that's ridiculous. There is no use talking with you anymore. I had better go to another store.

B: Peter, may I say something?

C: Why, of course.

B: Let's go over there and talk.

C: Surely.

B: I'm very sorry for my husband's rude remarks. Please accept my sincere apology. Frankly speaking, my husband is very much interested in the Zony model. I think he'll take it if you can reduce the price another $300 to match the price of MG model.

C: I can offer you a further discount of $150, but I'm not authorized to offer you a $300 discount.

B: Then who has the authority to give discounts?

C: Only our store manager.

B: I wonder if you could talk with the store manager.

Vocabulary

☐ ridiculous　ばかげた
☐ very sorry for ～　～についてとても申し訳ない
☐ rude remarks　暴言、失礼な言葉
☐ accept someone's sincere apology　～の心からの謝罪を受け入れる
☐ Frankly speaking, ...　率直に言えば…

C: まったくその通りです。

A: でも、それはばかげていますね。あなたとこれ以上話しても無駄です。他の店に行った方がよさそうです。

B: ピーター、ちょっと話してもいいですか？

C: はい、もちろんです。

B: あそこへ行って、お話ししましょう。

C: かしこまりました。

B: 主人が失礼なことを言って大変申し訳ありませんでした。心からお詫びします。率直に言いますと、主人はZonyのモデルにとても興味を持っているのです。値段を300ドル引いてMGのモデルと同じ値段にしていただければ、買うと思いますよ。

C: あと150ドルなら値引きできるのですが、私には300ドル値引きする権限はありません。

B: それでは、誰が値引きの権限を持っていらっしゃるのですか？

C: 店長だけです。

B: 店長と話をしていただけないでしょうか。

□ take ～を購入する
□ match the price of ～ ～と同じ値段にする
□ authorized 権限がある
□ authority to give discounts 値引き承認権限
□ I wonder if ～ ～だろうか

C: Surely. Let me have a word with him. I'll be right back.

(Peter comes back. He is smiling.)

B: I assume you got a good answer for me.

C: Today must be your lucky day. He said he would authorize the maximum discount of $300 for the Sony model.

B: I'm very grateful to you for going the extra mile. Let me talk with my husband and see what he has to say.

C: I hope he is satisfied with our final price of $2,000 for the Zony model.

(Wife talks with her husband for a few minutes and comes back smiling.)

B: My husband is very pleased with the discounted price and told me to take it.

C: Thank you so much for your purchase.

Vocabulary

☐ I'll be right back.　すぐに戻ります。

☐ Today must be your lucky day.　今日はついていますね。＊Todayの代わりにthisやitも使える。

☐ see what someone has to say　〜が何と言うか確認する

C: かしこまりました。彼と話をして、すぐに戻ってまいります。

(ピーターが戻ってくる。彼は笑っている)

B: 私に良い知らせがあるようですね。

C: 今日はあなたにとって幸運な日に違いありません。店長が、ソニーのモデルに最高額の300ドルの値引きを承認すると申しておりました。

B: もうひと頑張りしてくださったことに、大変感謝します。主人と話させてください。何と言うか確かめてきます。

C: Zonyのモデルの当店の最終価格2000ドルに、ご満足いただけるといいのですが。

(妻が夫と数分間話し、笑いながら戻ってくる)

B: 主人は最終値引き額をとても喜んでいて、私に買いなさいと言ってくれました。

C: 購入をお決めくださいまして、心から感謝いたします。

　テレビを買いに来た夫婦と店員との価格交渉の会話です。この「怒り役となだめ役」戦術では、1対1ではなく、必ず2対1で交渉します。この会話でも、最初に夫が店員と交渉しますが、怒ってしまい、別の店に行くと言い始めます。そこで、話に割って入ってきたのが妻です。

　まず、夫の暴言に対して謝罪を入れ、「もう少しZonyのテレビの価格を値下げしてくれれば、夫は購入する気になるでしょう」と店員にささやきます。店員を良い気持ちにして、店長と話をさせ、結果として希望する値引き価格を手に入れて、テレビを購入することになる流れです。

　この交渉術は、Good Cop / Bad Cop（良い警察官と悪い警察官）とも呼ばれています。日本のテレビドラマに、2人の警察官が容疑者1人を小部屋で尋問するシーンが出てきます。1人のこわもての警察官が、容疑者をぼろくそにけなしたり、脅したりした後で、もう1人、見るからに優しそうな警察官が入ってきて、「かつ丼でも食べるかい」などと言いながら容疑者の機嫌を取ります。そして結果的に、容疑者から欲しい供述を引き出すというパターンを想像してみてください。

have a good taste　趣味がいい

more expensive than ~　～より値段が高い

to tell (you) the truth　本当のことを言うと

- I don't know a lot about sales pitches, to tell you the truth.
  本当のことを言うと、私は営業用のプレゼンをあまりよく知りません。

- To tell the truth, I was scared to death before my first presentation. 本当のことを言うと、最初のプレゼンの前は死ぬほど怖かったのです。

a deep discount　大幅な値引き

　＊反対は a shallow discount（少額の値引き）。deepest discount なら「最大値引き」。

That is exactly right.　全くおっしゃるとおりです。

　＊Exactly だけでも同じ意味。You hit the nail on the head.（図星です）というイディオムも、ほぼ同じ意味で使われる。

be grateful to someone for ~　　〜に対して感謝する

- I'm extremely grateful to you for what you have done to help me.
  私を助けるためにやってくださったことに、大変感謝しています。

- I would be grateful if anyone has further information on this subject.
  どなたか、この件に関してさらに情報をお持ちでしたら、感謝いたします。

go the extra mile to do　　特別な努力をして〜する

- He's an excellent sales rep, always ready to go the extra mile for his customers.
  彼は、とても優秀な営業マンで、いつでもお客さんのために特別な努力をするつもりでいます。

エクササイズ1

次の日本文を英訳してください。　　　　　　　　　　　解答 ▶ p.185

1　あなたは趣味がいいですね。

2　本当のところ、私は何のスポーツもしません。

3　最大でいくら値引きしてくれますか？

4　全くその通りです。

5　ちょっと、割り込んでもいいですか？

6　どうか、私の謝罪を受け入れてください。

7　すぐに戻ります。

8　今日は、あなたにとって幸運な日に違いありません。

9　私どもの最終価格で満足なさいましたか？

10　率直に言えば、私は現在の仕事があまり好きではありません。

■ **Highball/Lowball**

At a Realtor

| A = Jack Brown, a Realtor
| B = Hitoshi Maeda, a Client

A: Hi, what can I do for you? I'm Jack Brown. I'm the owner of this real estate agency.

B: Hi, I'm Hitoshi Maeda. I'm looking for a house for my family.

A: I'm sure we can help you find one you like. Let me show you some pictures of the houses in the neighborhood.

B: I kind of like this house. How much are you asking for it?

A: This house will cost you $950,000.

B: You've got to be kidding. The price is unrealistic. I think I should go to some other realtors.

A: Please wait. I think I can do something about the price.

B: Sorry, but I'm not interested in such an expensive house. Please call me if you can come up with a more realistic price.

A: I'm sorry to hear that. I'll call the owner of the house and talk about the price. I hope the owner agrees to lower its current price. Please give me a week.

Vocabulary ·······

□ realtor　不動産業者
□ client　客
□ What can I do for you?　こんにちは、どんなご用件でしょうか？ ＊How may I help you? でも同じ意味。
□ owner　オーナー、持ち主
□ How much are you asking for it?　値段はいくらですか？ ＊What is your asking price? でも同じ意味。

■「高い球と低い球」戦術

不動産会社で家の値段の交渉をする

概説編 ▶ p.15

| A =不動産業者、ジャック・ブラウン
| B =客、前田等

A: こんにちは、どんなご用件でしょうか？　ジャック・ブラウンと申します。この不動産会社のオーナーです。

B: こんにちは、私は前田等です。家族で住む家を探しています。

A: きっと、お気に入りの家を見つけるお手伝いができますよ。この近所の家の写真をいくつかお見せしましょう。

B: この家はよさそうですね。お値段はいくらですか？

A: この家は95万ドル（約1億円）です。

B: 冗談でしょう。あり得ない値段ですね。他の不動産会社に行った方がよさそうだ。

A: お待ちください。値段に関しては何とかできると思います。

B: 申し訳ありませんが、そんなに高い家には興味がありません。もっと現実的な値付けが可能になったら、お電話ください。

A: それは残念です。家の持ち主に電話して、値段について話してみましょう。持ち主が現在の値段を下げることに同意してくれればいいのですが。1週間お待ちください。

□ cost A B　AにBの値がかかる　＊The house will cost you a fortune.（この家には大金がかかる）
□ You've got to be kidding.　冗談でしょう。
□ unrealistic　非現実的な
□ do something about ~　~を何とかする
□ lower something's current price　~の現在の値段を下げる

B: I hope you can persuade the house owner to lower the price. I'm looking forward to your call.

(One week later, Jack calls Hitoshi.)

A: Hello, may I speak to Mr. Hitoshi Maeda?

B: Speaking. What can I do for you?

A: Regarding the house you showed an interest in, I had a long talk with the owner. Finally, I managed to get an extremely attractive price.

B: How much is the new price?

A: The new asking price is $650,000, which is $300,000 less than the original price of $950,000.

B: That sounds more reasonable, but incidentally, my competitive analysis shows an average house price is somewhere around $500,000.

A: Your competitive price is way too low. Could you come to my office to discuss it?

B: Certainly. How about tomorrow at 10 a.m. at your office?

A: That's perfect. I'll be waiting for you.

(The following day around 10:30 a.m.)

B: I'm sorry I'm late. The morning rush hour traffic was terrible.

Vocabulary

☐ persuade someone to do　〜に…するよう説得する
☐ Speaking.　(電話で)私です。
☐ regarding　〜について ＊as for 〜、about、on なども同じ意味で使われる。
☐ extremely　とても、大変
☐ less than 〜　〜よりも低い

B: 値下げしてくれるよう家の持ち主を説得していただけると助かります。お電話をお待ちしています。

(1週間後、ジャックが等に電話する)

A: もしもし、前田等さんはいらっしゃいますか？

B: 私です。どんなご用件でしょうか？

A: ご興味を示していただいた家の件で、家の持ち主と長時間話しました。やっと、とても魅力的な値段を出してもらいました。

B: 新しい値段はおいくらですか？

A: 新しい希望価格は65万ドル (約6800万円) で、元値の95万ドル (約1億円) より30万ドル (3200万円) も安値です。

B: そちらの方が妥当に聞こえますね。ところで、私が競合分析をしたところ、平均的な家の価格は50万ドル (約5400万円) 前後ですね。

A: あなたの競争価格は、あまりにも低過ぎますね。私の事務所にお越しいただき、お話しできませんか？

B: もちろんです。そちらの事務所で明日の午前10時でいかがですか？

A: それで結構です。お待ちしております。

(翌日の午前10時30分ごろ)

B: 遅くなってすみません。朝のラッシュで渋滞がひどくて。

☐ incidentally　ところで　＊by the wayも同じ意味。
☐ somewhere around ~　だいたい~、~くらい
☐ competitive price　競争価格、競合価格
☐ way too ~　~過ぎる

A: Before starting today's negotiation, I would like to take you to the house. I have the keys to the house.

B: That's wonderful. Actually, I wanted to see the house.

(They take a tour in and around the house.)

A: What do you think about it?

B: I like it very much, but I still think that $650,000 is too high. Once again let me show you the competitive analysis I made of the houses in this neighborhood. Here you are.

A: Most of the houses you selected are old and not as well-built as this house. That's why their prices are lower.

B: We should stop arguing about the current price. What I need from you is a detailed price breakdown, such as price of land, house, swimming pool, and workshop with tools. Using the breakdown as reference, we can talk more rationally.

A: That's an excellent suggestion, but I need at least one week to prepare a breakdown.

B: I'm sorry to put you to a lot of trouble, but please understand that I'm very interested in buying the house at a reasonable price.

A: I fully understand your point. I'll call you when I have finished preparing the price breakdown you requested.

Vocabulary

☐ Here you are.　はい、これです。＊Here it is.でも同じ意味。
☐ That's why ～　だから～だ
☐ a price breakdown　価格の明細
☐ as reference　参考として
☐ rationally　合理的に

A: 今日の交渉を始める前に、家にお連れしたいと思います。家の鍵は預かっていますから。

B: それは素晴らしいですね。実のところ、家が見たかったのです。

(家の内外を見て回る)

A: どう思われますか？

B: とても気に入りました。しかし、それでも、65万ドルは高過ぎると思います。もう一度、私が作成した近隣の家の競合分析をお見せしましょう。はい、これです。

A: あなたが選択した家の大半は、古い上に、この家ほどは建て付けがよくありませんね。だから、値段が安いのですよ。

B: 現在の値段についての議論はやめましょう。あなたからいただきたいのは、価格の明細です、例えば、土地、家屋、プール、道具付きの作業場などに分けて。その明細を参考にすれば、もっと合理的な話し合いができます。

A: それは、素晴らしいご提案ですね。しかし、明細を準備するには短くても1週間は必要です。

B: お手数をおかけして申し訳ありません。しかし、私が適正価格でこの家を買いたいと強く思っていることをご理解ください。

A: おっしゃっていることは十分に理解できます。ご所望の価格明細の準備が完了しましたら、お電話差し上げます。

☐ at least　少なくとも
☐ I'm sorry to put you to a lot of trouble　お手数をおかけして申し訳ありません。

　このテクニックを用いた交渉は、交渉相手がとても受け入れることができないような、とんでもなく高い金額を提示することから始まります。提示された側が絶対にしてはいけないことは、提示額に対抗する金額を提示することです。これをやると、まんまと相手のわなにはまってしまうことになるからです。先の会話例では、提示された家の価格95万ドルに対して自分の希望価格を提示せずに、話にならないからと言って店から出る流れになっています。

　そして、不動産業者が家主と話をした後で、30万ドルの値引きの電話を入れてきます。大切なのはここからです。65万ドルの新価格を基に交渉するのではなく、自分が作成した近隣住宅の価格の競合比較表を不動産業者に提示します。その比較表に、不動産業者はいろいろと難癖をつけてきます。

　ここで客は、不毛な値段交渉をせずに、土地、家、プールなどの価格明細の提示をリクエストします。不動産業者は、その作成をしぶしぶ承知します。そうした価格表があれば、一つ一つ、感情に走らずに合理的に値段交渉することが可能になります。

　このエピソードでは、他の不動産業者へ行くというBATNAを使ったり、相手の法外な価格に基づいて話をしたりしていません。もし、相手が頑固に法外な値段に固執してきた場合には、あなたはHighballテクニックを使っているのですね、と指摘し、その手には乗りませんからと伝えることも、相手の気持ちをぐらつかせて自分に有利に交渉を進めるための有効な手段の一つです。

in the neighborhood　　近所の、近隣に、約、ほぼ

- Is there a gas station in the neighborhood?
  この近所にガソリンスタンドはありますか？

- A villa like this costs somewhere in the neighborhood of
  $800,000.　このような別荘は、約80万ドルです。

kind of　　やや、少し

　＊sort of、somewhat、a bit も同じ意味。

- I'm kind of worried.　私は少し心配しています。

come up with ~ ～を手に入れる、～を考えつく

・We finally came up with solution to the problem.
私たちは、ついにその問題の解決策を考えつきました。

How about ~? ～は、どうですか？
＊提案の表現。What about ~? でも同じ意味。

That's an excellent suggestion. それは、素晴らしい提案です。
＊suggestion には冠詞を付けられるが、advice には付けられない。

・That's a valuable piece of advice. それはとても貴重な助言です。

エクササイズ 2

次の日本文を英訳してください。 解答▶p.185

1 どんなご用件でしょうか？

2 私はこの報告書の元データを探しています。

3 私はこの時計が少し気に入っています。

4 この近所に郵便局はありますか？

5 良いアイデアが思いついたら私に知らせてください。

6 あなたの上司にこのプロジェクトを承認してもらうように説得できますか？

7 新しい言い値は元の値段の半分です。

8 私の妻は会長秘書です。

9 この報告書はあなたの参考用です。

10 私たちはこのプロジェクトを終えるのに、少なくともあと2カ月必要です。

■ The Nibble

Getting Ten Free Smart Watch Samples

A = Satoru Tanaka, a Buyer
B = Steve Goldberg, a Seller

A: Hi, Steve. Long time no see. How have you been?

B: Hi, Satoru. Long time no see too. I've been tremendously busy with new product development for the past six months.

A: I see. I'm glad to hear that you are keeping yourself busy.

B: Well, what brought you here this time?

A: The reason I came here today is to talk about our order for your flagship Smart Watch.

B: Do you mean our smart watch Acme?

A: Yes, that's it. We would like to place an order for 6,000 units.

B: Thank you so much for the large order. When do you want them shipped?

A: We would like to get monthly shipments of 1,000 units starting three months from now.

B: I think we can meet your delivery schedule.

Vocabulary

☐ Long time no see.　お久しぶりです。　＊電話でならLong time no talk.と言う。

☐ How have you been?　どうしていましたか？　＊頻繁に会っている相手に対してはHow are you today?などを用いる。

☐ tremendously　ものすごく

☐ What brought you here?　なぜここに来たのですか？　＊Why did you come here?は ぶしつけなので使わない方がよい。

■「おまけ要求」戦術

新しいスマートウォッチのサンプル10個を無料で入手する

概説編 ▶ p.15

┃ A＝買い手、田中悟
┃ B＝売り手、スティーブ・ゴールドバーグ

A: やあ、スティーブ。お久しぶりです。どうなさっていましたか？

B: やあ、悟。ご無沙汰しています。この6カ月間、新製品の開発で目の回るような忙しさでした。

A: そうですか。忙しいのは何よりですね。

B: 今回はなぜこちらへいらっしゃったのですか？

A: 本日こちらへお伺いしたのは、御社の看板商品のスマートウォッチを、当社が注文させていただくことについてお話ししたいと思いまして。

B: 当社のスマートウォッチ、アクメのことですか？

A: はい、それです。6000個発注したいと思っています。

B: 大量のご注文を、ありがとうございます。いつごろの出荷をご希望ですか？

A: 今から3カ月後から、毎月1000個ずつ出荷していただきたいのです。

B: その出荷スケジュールでしたら対応できると思います。

☐ That's it.　それです、その通りです。　＊You hit the nail on the head. も同じ意味。
☐ place an order for ～　～を注文する
☐ shipment　出荷
☐ delivery schedule　配送スケジュール

A: I'm glad to hear that. What is your unit price?

B: Our best unit price is $42. The recommended retail price is $105, so you can get a 60% discount.

A: Thank you for offering us your best unit price. You'll get our order sheet at that unit price and with the shipping schedule within a week. Incidentally, we are interested in the enhanced version of Acme.

B: How did you learn about it?

A: A little bird told me.

B: The little bird is correct. We're developing an enhanced version and its code name is Omega. Omega has twice the battery life of Acme.

A: We are very interested in getting ten samples of Omega.

B: That can be arranged. I assume that we can ship them to you within two months.

A: That's awesome. I would like to ask you a small favor.

B: What kind of favor is that?

Vocabulary

□ one's best price　〜が提示できる最安値
□ recommended retail price　推奨小売価格
□ order sheet　注文書
□ enhanced version　機能拡張版、改良版
□ code name　コードネーム、開発名

A: それを聞いて安心しました。単価はおいくらでしょうか？

B: 私どもの最安値は42ドルです。推奨小売価格は105ドルですから、60パーセント引きになります。

A: 最安値をご提示いただきましてありがとうございます。その価格と先ほどの納期で発注書を作り、1週間以内にお届けします。ところで、アクメの拡張版に興味があります。

B: それをどのようにして知ったのですか？

A: うわさで知りました。

B: そのうわさは正しいですね。機能拡張版を開発中で、コードネームはオメガです。オメガはバッテリーの寿命がアクメの2倍です。

A: ぜひオメガのサンプルを10個入手したいのですが。

B: それなら手配できますよ。2カ月以内にお送りできると思います。

A: それは素晴らしいですね。ちょっとしたお願いがあるのですが。

B: どんなことでしょうか？

□ twice　〜の2倍
□ awesome　素晴らしい　*かなりくだけた表現。wonderfulよりも程度が上、outstandingとほぼ同じ意味。
□ favor　お願い、手助け

A: Is it possible for us to get the ten samples free of charge?

B: Are you saying that when you place your order for 6,000 units of Acme, you want us to offer ten free samples in return? Is my understanding correct?

A: Yes, your understanding is correct.

B: First, I should get a green light from our vice president to give you free samples.

A: I fully understand your position. How long do you think you need to get his approval?

B: Three days should be enough.

A: I look forward to a positive reply.

Vocabulary

□ free of charge　無料で　＊at no charge、for free でも同じ意味。
□ Are you saying that ~?　～だと言っているのですか？　＊怒気を含んだ表現。
□ position　立場
□ look forward to ~　～を（期待して）待つ
□ positive reply　前向きな回答

A: その10個のサンプルを無償でいただくことは可能でしょうか？

B: アクメを6000個発注したら、その見返りに10個の無料サンプルが欲しいとおっしゃるのですか？　そういう理解で間違いありませんか？

A: はい、あなたの理解は正しいです。

B: まず、私としては当社の副社長の承認を取り付けた上でないと、無料でサンプルをご提供するわけにはいきません。

A: お立場は十分理解しております。承認を取っていただくのにどのくらい時間がかかりますか？

B: 3日あれば大丈夫です。

A: 前向きなご回答をお待ちしています。

解説

　買い手の田中悟が売り手のスティーブ・ゴールドバーグに久しぶりに会い、スマートウォッチ6000個を発注します。3カ月後から、毎月1000個ずつ出荷してもらい、単価は60パーセント引きの42ドルで決まりました。その後、現行品の改良版オメガに話が移ります。田中氏は、オメガのサンプルを無料で提供してくれないかと頼みます。6000個発注の返礼として頼んでいるわけです。このリクエストが、nibbleと呼ばれる「おまけ要求」戦術です。そして、両者ともがそのことを認めました。売り手のゴールドバーグ氏が、自分の一存では決められないので副社長の承認を取る、と言うところで会話が終わります。この会話は、典型的な、「おまけ要求」戦術の例です。

キー表現

A little bird told me.　うわさで聞きました。

　　＊I heard it through the grapevine. も同じ意味。

That can be arranged.　それは手配できます。

　　＊We can arrange that. と言うよりも丁寧。

I would like to ask you a small favor.　ちょっとしたお願いがあるのですが。

　　＊Will you do me a favor? をさらに丁寧にした形。favor は「料金を伴わない依頼、好意に基づく手助け」のこと。料金が伴う場合には service と言う。

・ You don't have to pay me, because I did it as a favor.
　私は好意でしたことなので、お支払いいただく必要はありません。

in return　引き換えに、お返しに

・ I don't know what I am supposed to do in return.
　お返しに何をすればいいか分かりません。

get a green light　承認を取る

　　＊green lightは「青信号」の意味。

・ We've finally got a green light from our president on the project.
　このプロジェクトに関して、やっと社長の承認が取れました。

エクササイズ 3

次の日本文を英訳してください。 解答▶p.185

1　ずいぶん長い間お会いしていませんでしたね。

2　私はずっと忙しくしていました。

3　今回はなぜこちらへいらっしゃったのですか？

4　今回の訪問の理由は何ですか？

5　はい、その通りです。

6　単価はおいくらですか？

7　60パーセント値引きしましょう。

8　うわさで聞きました。

9　私の理解は正しいですか？

10　上司から、このプロジェクトの承認を取る必要があります。

■ The Bogey

Getting Money Monthly Instead of Company Car

A = Bill Cohen, the personnel manager
B = Toru Mori, the line manager

A: Hi, Toru. How are you today?

B: Hi, Bill. I feel great. Thank you. How about you?

A: I'm fine. Thank you. I have good news for you. You'll be promoted to a second line manager starting next week.

B: I'm so glad to hear that. Does that mean I can have a company car?

A: Yes, you'll be eligible for a company car, but you'll have to drive it yourself.

B: That's no problem. Is there a choice in the car?

A: We have a lease contract with Westchester Rental Car Service, Ltd. They offer three types of car, an SUV, a four-wheel drive, and a sedan.

B: I see. I think I'll have an SUV since I have a big family.

A: Sure, you can have an SUV.

Vocabulary ....

☐ personnel manager　人事部長
☐ line manager　課長
☐ I have good news for you.　あなたに良い知らせがあります。
☐ second line manager　部長
☐ lease contract　リース契約

■「お化け」戦術

社用車の代わりに月々お金をもらう

概説編 ▶ p.16

> A＝人事部長、ビル・コーエン
> B＝課長、森徹

A: やあ、徹。今日は調子はどうですか？

B: やあ、ビル。とっても良い調子ですよ。ありがとう。あなたは？

A: 元気です。ありがとう。良い知らせがあります。来週から、あなたは部長に昇進しますよ。

B: それはとてもうれしいです。つまり、会社の車を使ってもいいということですか？

A: はい、会社の車を使う資格が手に入ります。しかし、運転は自分でしなければなりませんよ。

B: それは問題ありません。車は選べるのですか？

A: ウエストチェスター・レンタル・カー・サービス社と、リース契約を結んでいます。同社は、3種類の車を提供してくれます。SUVと4輪駆動とセダンです。

B: そうですか。私は家族が多いのでSUVにします。

A: ええ、SUVでも大丈夫ですよ。

B: By the way, if I don't use the company car, can I have monetary compensation instead?

A: That's a strange request. I thought you needed a company car for your big family.

B: I changed my mind. We have two cars already and don't need a third car.

A: You are the first manager who requested a monetary compensation instead of a company car. Let me check the guidelines.

B: How much will I get a month?

A: Sorry, I cannot find any description of your request. Let me talk with several people and get back to you.

(On the following day, Bill calls Toru.)

B: Hello, Toru speaking.

A: Hello, this is Bill speaking. We decided to pay you $1,200 a month or $14,400 a year. This is the same monthly fee we pay to the car lease company.

B: That's awesome. I'm so glad to hear that.

Vocabulary

☐ monetary compensation　金銭的な保障
☐ change one's mind.　気が変わる
☐ guideline　ガイドライン、規定
☐ description　説明、記述
☐ get back to ～　～に返答する、～に回答する

B: ところで、会社の車を使わない場合、その分を金銭的に埋め合わせてもらえるものでしょうか？

A: それはまた不思議な依頼ですね。あなたには家族が多いので、会社の車を使いたいのだろうと思っていたのですが。

B: 考え直しました。うちにはすでに車が2台あるので、3台目は必要ないのです。

A: 車の代わりに金銭による保障を求めてきた管理職は、あなたが初めてですよ。社内規定を調べてみましょう。

B: 月額でいくらになるでしょうか？

A: 申し訳ありませんが、ご要望の内容に関する記述が見つかりませんね。何人かに確認した上で、お答えします。

(翌日、ビルが徹に電話をかける)

B: はい、徹です。

A: もしもし、ビルです。あなたには月に1200ドル、つまり年額1万4400ドルを支給することに決定しました。これは、カーリース会社への支払額と同額です。

B: それは素晴らしい。それを伺って、大変うれしいです。

□monthly fee 月額料金

　昇進の知らせを受けた課長の森徹と、それを伝える人事部長のビル・コーエンとの会話です。自分が部長に昇進することを知らされた森は、会社の車を使用できるかどうかを確認します。そして、3種類の車の中から、自分は家族が多いからと言って、SUVを選びます。

　ところが、てっきり車が必要かのように装っていた森は、急に違った要求を持ち出します。By the way, if I don't use the company car, can I have monetary compensation instead?（ところで、会社の車を使わない場合、その分を金銭的に埋め合わせてもらえるものでしょうか？）と言うのです。

　この要求を聞いたビルはびっくりします。そして、森が車が欲しいと言ったことがbogey（お化け）だったことに気づきます。人事部長のビルは、それまでにそのような要求を受けたことはないので、即答できませんでした。そして翌日、ビルは森に毎月お金を支給できると伝えました。森は大喜びです。

　森が使った交渉術はbogeyで、最初は、あたかも会社の車を利用できることを喜んでいるかのように見せかけ、最終的には、毎月、車の代わりにお金を支給してもらうという本来の目的を見事に達成しました。

キー表現

How about you?　あなたはどうですか？

　＊How is yourself?でも同じ意味。

be eligible for ~　～の資格がある

　＊be qualified for ～も同じ意味。

by the way　ところで

　＊incidentallyも同じ意味。

the following day　翌日

　＊「前日」はthe previous day。

That's awesome.　それは素晴らしい。

　＊That's outstanding.やThat's super.も同様に使われる。

I'm so glad to hear that. それを聞いてとてもうれしい。

 ＊gladの代わりにhappyも使われる。

エクササイズ 4

次の日本文を英訳してください。解答▶p.186

1 あなたはどうですか？

2 あなたに良い知らせがあります。

3 あなたには会社の車を使う資格があります。

4 それは問題ありません。

5 自分で運転しなければなりません。

6 ところで、会社の車を使わなければ、その分を金銭的に埋め合わせてもらえるものでしょうか？

7 気が変わりました。

8 1カ月にいくらもらえますか？

9 その翌日、ビルが徹に電話します。

10 それは素晴らしい。

■ **Chicken**

Doubling Its Quoted Price

A = David White, the purchasing manager
B = Yasuo Taira, the sales manager

A: It's so nice to see you again.

B: Thank you for meeting with me today on such a short notice.

A: What's the purpose of your visit today?

B: I would like to talk about the quotation we submitted a month ago. Here's our revised quotation.

A: Let me see. Wow, you raised the unit price from one dollar to two dollars. How did something like that happen?

B: I'm afraid that we made a huge mistake in calculating the manufacturing cost in the first quote.

A: A flimsy excuse like that just won't do. We are about to place an annual order for 10 million units at one dollar each. The total amount of the order is supposed to be 10 million dollars. With the revised new unit price of two dollars, the total amount will come to 20 million dollars.

B: I'm very sorry to hear that.

Vocabulary

☐ purchasing manager　購買部長
☐ sales manager　営業部長
☐ short notice　突然の通知
☐ quotation　見積もり、見積書 ＊quoteは「見積もり、見積価格」または「〜を見積もる」の意味。
☐ unit price　単価

■ 「臆病者」戦術

見積価格を2倍にする

概説編 ▶ p.17

| A = 購買部長、デイビッド・ホワイト
| A = 営業部長、平康夫

A: またお会いできて、うれしいです。

B: 急にご連絡差し上げたにもかかわらず、今日はご都合をつけてくださりありがとうございます。

A: 今日は、どのようなご用向きでしょうか？

B: 1カ月前にお渡しした見積もりに関してお話しさせていただきたいと思います。こちらの内容を見直した見積書をご覧ください。

A: 拝見します。え、単価を1ドルから2ドルに上げられたのですね。なぜそのようなことに？

B: 申し訳ございませんが、最初の見積書で製造コストの計算を大きく間違えてしまいまして。

A: そんな見え透いた言い訳では困りますね。こちらは年間1000万個を単価1ドルで発注しようとしているところですよ。発注分の合計金額は1000万ドルになるはずです。見直された今度の単価だと、合計金額が2000万ドルになってしまいます。

B: 大変申し訳ありませんが、おっしゃるとおりです。

□ How did something like that happen?　なぜそんなことになったのか？
□ manufacturing cost　製造コスト
□ flimsy excuse　見え透いた言い訳
□ place an order　発注する

A: Do you really understand that your new quote severely damages our business relationship?

B: Please accept our deepest apology.

A: How could you make such a terrible mistake in the first quote?

B: There was an organizational change in the department for creating the quote.

A: Is there any room for lowering the newly quoted price?

B: There's absolutely no room for lowering the new price.

A: Do you really understand that you're risking your entire business future with us?

B: It's a pity that we made such a big mistake. We hope we continue to have a good business relationship in the future.

A: That's asking too much. I cannot think of anything bright in our future relationship. I'll have a hard time explaining this terrible incident to our higher management. They might even consider a lawsuit against your company for the possible damage you caused.

B: Please forgive us for the inconvenience.

Vocabulary ....

☐ severely　深刻に
☐ damage　〜を傷つける、〜に損害を与える
☐ business relationship　取引関係
☐ apology　謝罪
☐ organizational change　組織変更
☐ lower　〜を引き下げる

A: 新しいお見積もりが、私たちの取引関係に深刻な悪影響を及ぼすことを本当にご理解いただいているのでしょうか？

B: どうかご理解ください、心からおわびを申し上げます。

A: 最初のお見積もりで、どうしてそんな大きなミスを犯したのですか？

B: 見積もりを作成する部署で組織変更がありまして。

A: 今度のお見積価格に値引きの余地はありますか？

B: 今度の価格には、引き下げる余地が全くないのです。

A: 将来の弊社との取引自体が失われるリスクがあることを、本当にご理解いただいていますか？

B: それほどの大きな間違いを犯してしまったことを申し訳なく思っております。御社と今後とも良好なお取引関係を継続させていただけることを願っております。

A: それは、虫が良過ぎますよ。私たちの今後の関係に明るいものを想像することなどできませんね。今回の困った一件を経営陣に説明するのに苦労することになるでしょう。御社から受けるかもしれない損害について、訴訟を検討する可能性さえありますよ。

B: どうかご迷惑をおかけすることをお許しください。

....

□ risk　〜の危険を冒す
□ It's a pity that〜　〜は残念だ。
□ forgive　〜を許す

　購買部長のデイビッド・ホワイトと営業部長の平康夫が、見積価格について話し合っています。平は、1カ月前に提出した見積書に計算間違いがあり、商品単価を1ドルから2ドルに上げたいと言います。それに対して、年間に1000万個の注文を1000万ドルで出そうとしていた購買部長のデイビッド・ホワイトは、総額が2000万ドルになってしまうと言って烈火のごとく怒ります。

　デイビッドは価格を下げるようにリクエストしますが、平は全く下げようとしません。こんなことでは将来のビジネス関係に悪影響を与えると言っても、値下げしようとしないのです。結局、デイビッドが損害賠償訴訟を提起するかもしれないと言って話し合いが終わります。

　自分たちの計算ミスにより、相手に多大な損害を与える可能性がありながら、全く歩み寄ろうとしない態度は、後はどうなってもいいという「臆病者」戦術です。

　このエピソードは、少し変更してありますが、実際に私が体験したことに基づいています。そのとき、私はIBMのバイヤー(購買担当者)でした。業者の営業部長が私のところに、それまでに見積もっていた価格の2倍の見積もりを持ってきました。私が値上げの詳細を問いただしましたが、いっさいその理由を明らかにしませんでした。私には手に負えないので上司のところに一緒に行きました。上司はとても厳しい質問をいくつもしましたが、それでも、説明を拒み続けました。その結果、その業者はわが社の信用を全く失い、それ以後、取引することはなくなりました。考えてみると、最初の単価で取引しても利益が上がらないことが分かったので、こちらが決して受け入れることのない法外な2倍の単価を見積もってきたのかもしれません。

Thank you for meeting with me today.
本日会ってお話しさせていただきましてありがとうございます。

meet with ~　～と会って話す
＊単に「～と会う」なら meet。

room for ~　～の余地

That's asking too much.　それは虫が良過ぎる。
＊That's too much to ask. なら「それは欲張り過ぎだ」の意味。

エクササイズ 5

次の日本文を英訳してください。　　　　　　　　　　　解答 ▶ p.186

1　今日はご都合をつけてくださりありがとうございます。

2　申し訳ございませんが、大きな間違いを犯しました。

3　弊社は年間注文を出そうとしています。

4　大変申し訳ありませんが、おっしゃるとおりです。

5　どうかご理解ください、心からおわびを申し上げます。

6　さらに値引きする余地はありますか？

7　この問題がどれほど深刻なものか、本当に理解しているのですか？

8　こんな大きなミスを犯してしまい残念です。

9　それは虫が良過ぎますよ。

10　私は上司を説得するのに苦労することでしょう。

■ Snow Job
Selling a Fake Traffic Count Proposal

A = Ann Jones, a clerk at Business Seminar Association
B = Maria Hayashi, a sales rep at SEO Media Promotion
C = Steve Shultz, the website section manager at Business Seminar Association

A: Thank you for calling Business Seminar Association. This is Ann speaking.

B: Hello. This is Maria Hayashi from SEO Media Promotion Ltd. speaking. I'm calling about our SEO services. May I speak with somebody who is familiar with SEO?

A: I'll connect you with Steve Shultz who is in charge of website development.

C: This is Steve Shultz speaking. How may I help you?

B: This is Maria Hayashi speaking. I'm a sales rep at SEO Media Promotion Ltd. I would like to explain our SEO services.

C: Please go ahead.

B: We offer extremely competitive SEO services in increasing website traffic and hit counts.

C: What are the special schemes you are adopting in achieving them? Do you offer any snake oil?

Vocabulary

□ clerk　事務員
□ sales rep　営業係
□ website section manager　ウェブサイト課長
□ I'm calling about ~　~についてお電話しています。
□ May I speak with ~?　~とお話しできますでしょうか？
□ be familiar with ~　~に詳しい

■「手の込んだうそ」戦術

ウェブサイトのトラフィック量を測るといううそ

概説編 ▶ p.18

▌A＝ビジネス・セミナー協会社員、アン・ジョーンズ
▌B＝SEOメディア・プロモーション社営業担当、林マリア
▌C＝ビジネス・セミナー協会ウェブサイト課長、スティーブ・シュルツ

A: お電話ありがとうございます。ビジネス・セミナー協会のアンと申します。

B: もしもし、こちらは、SEOメディア・プロモーション社の林マリアと申します。弊社のSEOサービスについて電話を差し上げております。SEOに詳しい方につないでいただけますか？

A: ウェブサイト開発担当のスティーブ・シュルツにおつなぎします。

C: スティーブ・シュルツと申します。どんなご用件でしょうか？

B: 林マリアと申します。SEOメディア・プロモーション社の営業をしております。わが社のSEOサービスについてご説明させていただきます。

C: どうぞ、始めてください。

B: わが社は、ウェブサイトのトラフィックとヒット数を増加させるとても競争力のあるSEOサービスを提供しております。

C: それを達成させるための特別な仕組みとは、どんなものですか？　万能薬でもあるのですか？

- □ be in charge of～　～担当である
- □ website development　ウェブサイト開発
- □ Please go ahead.　どうぞお話しください。
- □ extremely competitive　とても競争力のある
- □ services in increasing～　～を増加させるためのサービス
- □ snake oil　（万能薬と称して売る）いんちき薬

B: Well. We do not have any snake oil. We first analyze your company's website in great detail in traffic and hits and then make suggestions on how to enhance website content such as images, layouts, flows, wording, fonts, and visual aids.

C: They sound no different from other SEO services. How much more traffic and hit increases can we expect? Let's say in a three-month period.

B: In three months we guarantee to put your website in the top 10 business seminar companies' list.

C: That's hard to believe. Our company's website is currently not even listed in the top 100 business seminar companies' list.

B: By taking maximum advantage of Google Analytics and other state-of-the-art schemes, we have been successful in increasing website traffic and hit counts of twenty websites by 35% on average in the past two years.

C: How can we know if our traffic and hit counts at our website have really increased?

B: We submit a monthly exclusive traffic and hit counts report for your website.

C: What are the terms and conditions of the service contract?

Vocabulary

☐ in great detail　詳細に
☐ make suggestions　提案する
☐ on how to enhance ~　~をいかに改善するかについて
☐ Let's say in a three-month period.　たとえば、3カ月で。

B: 特に万能薬はございません。最初に御社のウェブサイトのトラフィックとヒット数の詳細を分析させていただきます。次に、ウェブサイトのコンテンツである画像、レイアウト、流れ、言葉遣い、フォント、視覚資料をどのように改善すればよいかのご提案をさせていただきます。

C: 他社のSEOサービスと全然変わらないようですね。どのくらいのトラフィックとヒット数の増加を期待できるのですか？　たとえば、3カ月間で。

B: 3カ月後には、ビジネスセミナー会社リストのトップ10に御社のウェブサイトを載せることを保証いたします。

C: それは信じ難いですね。わが社のウェブサイトは、現在、ビジネスセミナー会社リストのトップ100にも載っていないのですよ。

B: グーグル・アナリティックスと最新の仕組みを最大限活用することにより、過去2年間で20のウェブサイトのトラフィックとヒット数を平均で35パーセントも向上させることに成功しました。

C: われわれのウェブサイトのトラフィックとヒット数が本当に増加したかどうか、どうやって分かるのですか？

B: 御社のウェブサイト専用の月例トラフィックとヒット数の報告書を提出いたします。

C: サービス契約の条件はどんなものがありますか？

□ by taking maximum advantage of～　～を最大限利用して
□ terms and conditions of the service contract　サービス契約の条件

B: Our standard contract term is one year, and the monthly service fee is $5,000. We guarantee putting your company's website in the top ten business seminar companies' list in six months.

C: If you fail to do that, can we get a full refund?

B: We are awfully sorry, but we can't do that.

C: It follows that you're not guaranteeing anything. The whole story you've been telling me sounds like a snow job from that single remark. I feel like you have totally wasted my precious time.

Vocabulary ⋯⋯⋯

☐ our standard contract term　われわれの基本的な契約期間
☐ get a full refund　全額返金してもらう
☐ sounds like a snow job　うその話のように聞こえる
☐ waste someone's precious time　～の貴重な時間を無駄にする

B: わが社の基本契約期間は1年間で、月例のサービス費用は5000ドルです。6カ月後には、ビジネスセミナー会社リストのトップ10に載せることを保証いたします。

C: もしそれができなければ、全額返金していただけるのですか？

B: 大変申し訳ありませんが、それはできません。

C: それでは、結果として何も保証していないではありませんか。今まで聞いた全ての話は、そのひとつの発言で、まるででたらめだと聞こえてしまいます。私の貴重な時間を完全に無駄にされた気分です。

　この会話は、ビジネス・セミナー協会のウェブサイト課長のスティーブ・シュルツ氏に、SEOメディア・プロモーション社の営業係の林マリアが、自社のサービスを電話で売り込みをしている場面です。ウェブサイトのトラフィックとヒット数を増加させ、3カ月でビジネス提供会社リストのトップ10に載せることを保証すると言ってきますが、もし載せられなかったら費用の全額を返金してくれるかと尋ねると、一切返金しないということなので、シュルツ氏は、I feel like you have totally waisted my precious time.と、それではまるででたらめであると怒って話が終了します。結局、なんだかんだと専門的なことを言う割には何も保証してくれないという、まったく根拠のないでたらめなサービスであることを暴き出している典型的なsnow jobの話です。

キー表現

Thank you for calling ~　～にお電話いただきましてありがとうございます。

This is Ann speaking.　アンと申します。

connect　～をつなぐ
- I'll connect you with ~　～とおつなぎしましょう。
- Let me connect you with Extension 422.
  内線422におつなぎしましょう。

be in charge of ~　～担当である
- Who is in charge of this department?　この部門の担当はどなたですか？

How may I help you?　どのようにお手伝いいたしましょうか？
　＊類似表現は What can I do for you? あなたにどんなことができますでしょうか？

be hard to ~　～し難い
- That's hard to believe.　それは、信じ難いです。
- That's hard to understand.　それは理解し難いです。

on average　平均して

- On average, employees are paid 350,000 yen a month.
  月に平均して社員は35万円給料をもらっています。

terms and conditions　契約条件

- What are the terms and conditions of the service contract?
  サービス契約の条件はどんなものがありますか？

- What are the T's and C's of your contract?
  貴社の契約条件はどのようなものでしょうか？

エクササイズ 6

次の日本文を英訳してください。　　　　　　　　　　解答 ▶ p.186

1　お電話いただきましてありがとうございます。
2　アンと申します。
3　営業のどなたかとお話しさせていただきますか？
4　スティーブ・シュルツと電話をおつなぎしましょう。
5　どのようにお手伝いいたしましょうか？
6　どうぞお話しください。
7　この機会を最大限に活用した方がいいですよ。
8　このサービス契約のT's と C'sはどうなっていますか？
9　満額ご返金いただけるのですか？
10　あなたの話は、でたらめのように聞こえます。

■ BATNA①

Suggesting BATNA to a Lens Supplier

A = Jess Harper, Buyer for Optical Wholesaler
B = Takeshi Hashimoto, Sales Manager for a Lens Supplier

A: We are gathered here today to negotiate conditions regarding our pending purchase contract on the zoom telephoto lens with a focal length from 70mm to 200mm with F2.8 and an image stabilization function.

B: Before starting today's discussion, I would like to extend my sincere appreciation to you for choosing us as a candidate source for the lens.

A: You're quite welcome. As we have only an hour for discussion, let's get down to business immediately.

B: We are comfortable with that.

A: Your quote dated March 2 includes costs in building a brand-new assembly line and hiring 30 new employees just to manufacture this lens. I thought that such new costs wouldn't incur as your company is capable of utilizing the current assembly line and workforce.

Vocabulary

☐ optical wholesaler　光学製品の卸売業者/卸問屋
☐ we are gathered here today to ~　われわれは今日、ここに～するために集まっています
☐ negotiate conditions　条件を交渉する
☐ pending　懸案の、保留になっている
☐ purchase contract　購買契約
☐ candidate source　製造業者候補

■ 不調時対策案①

レンズメーカーにBATNAをほのめかす

概説編 ▶ p.18

> A＝光学機材卸売業者のバイヤー、ジェス・ハーパー
> B＝レンズ製造業の営業部長、橋本武史

A: 焦点距離が70ミリから200ミリ、明るさがF2.8で手振れ防止機能がついた望遠ズームレンズの、懸案になっている購買契約条件について話し合うために、ここに集まっています。

B: 本日の話し合いを開始する前に、御社がわれわれをこのレンズの供給元の候補としてお選びくださりましたことに心から感謝申し上げます。

A: どういたしまして。話し合いの時間が1時間しかありませんので、すぐにビジネスの話に入りましょう。

B: 私どもはそれで結構です。

A: 御社の3月2日付の見積もりには、このレンズを製造するために新しい組み立てラインを作り、新たに従業員を30名採用するための経費が含まれていますね。御社は現行の組み立てラインと従業員を有効利用できるので、それらの新しいコストは発生しないものだと思っていました。

□ You're quite welcome.　どういたしまして。
□ be comfortable with ~　～で結構です
□ your quote dated March 2　3月2日付の御社の見積もり
□ assembly line　組み立てライン
□ incur　（歓迎しない、不快なことが）起こる、負う
□ workforce　従業員

B: On the contrary, all our current assembly line and workforce are tied up with current work and there is no room to add an any new jobs.

A: As you might already know, we're negotiating with several other candidates suppliers on this particular lens. Some of them didn't include any new costs for an assembly line and new employees but capitalize on their current manufacturing and human assets. It boils down to one important factor, a difference in cost.

B: I fully understand your point. Let me take back your proposal to the company to discuss with higher management and submit a new quote within a two-week time frame.

A: I'm very glad to hear you say so. But could you submit your new quote within one week? As your products and workmanship have a great reputation in the industry, we're willing to outsource this lens to your company.

B: I see. We'll try our best to submit our new quote a week from today.

A: That's wonderful. I look forward to receiving your new quote.

Vocabulary ....

□ be tied up with ~ 〜で手いっぱいである
□ human assets 人的資産
□ a difference in cost コストの違い
□ within a two-week time frame 2週間の間に
□ workmanship 出来栄え、仕上がり

B: それどころか、全ての現行の組み立てラインと従業員は現行の仕事で手いっぱいで、新しい仕事を追加する余裕は全くございません。

A: ご存じとは思いますが、この特別なレンズに関しては、候補となる数社の製造業者と交渉をしております。ある製造業者は、組み立てラインと新入社員のコストを見積もりに含めずに、その代わり、現行の製造と人的資産を利用しています。詰まるところ、ひとつの重要な要因になります。それは、コストの違いです。

B: あなたの主張は十分に理解できます。ご提案を会社に持ち帰り、上級管理者と話し合い、2週間以内に新しい見積もりを提出いたします。

A: あなたにそう言っていただけると、とてもうれしいです。しかし、新しい見積もりは1週間以内に提出していただけませんでしょうか。御社の製品とその出来栄えは業界内でもとても評判が良いので、このレンズは喜んで御社に委託したいと思っております。

B: 分かりました。それでは今から1週間後に新見積もりを提出するように、全力を尽くします。

A: それは素晴らしいですね。新しい見積もりを楽しみにしております。

....

□ a great reputation　高い評判
□ in the industry　業界での
□ try one's best to ～　～するのにベストを尽くす
□ a week from today　来週の今日 ＊this day week でも同じ意味。

光学機材卸売業者のバイヤーが、レンズ製造業の営業部長と焦点距離70ミリ〜200ミリの望遠ズームレンズの購買契約条件について話し合っています。

このエピソードでは、取引をしたいと思っている会社に現在の見積もりから値下げを要求するために、他社にも同じ見積もり依頼を出していることをほのめかしています。他社は御社と違い、新しい組み立てラインを作ったり新入社員を30人雇ったりする追加コストを請求せずに、現在の組み立てラインと現在の社員を使って製造してくれると、くぎを刺しています。そして、他社と同様に、追加コストを請求しないよう、リクエストしているのです。

BATNAとはっきり言わなくても、相手の会社に十分な値下げプレッシャーを与えることができます。このようなBATNAを交渉前に準備することにより、何もバックアップがないときよりも、有利な条件で取引をすることができるのです。

キー表現

wholesaler　卸問屋

＊小売り店はretailerと言い、それぞれに動詞や形容詞がある。

・We wholesale our products to distributors.
わが社は代理店への卸売りのみ行っています。

・What's your wholesale price for this item?
この商品の卸売価格はいくらですか？

・The store retails clothing at the best possible prices.
その店は可能な限りベストな値段で洋服を小売りしている。

・Is this price retail or wholesale?
この値段は小売価格ですか、それとも卸売価格ですか？

・My father has a job in retail.　父は小売りの仕事をしています。

I would like to extend my sincere appreciation to you for ~

あなたが～してくれたことに心から感謝したいと思います。

＊かなり丁寧な感謝の表現。

get down to business　本腰を入れて仕事にかかる
- It's time to get to work now. Let's get down to business.
  そろそろ時間です。すぐに仕事に取り掛かりましょう。

capitalize on ~　～を有効活用する
- We should capitalize on our excellent customer relationships.
  わが社は素晴らしい顧客との関係を有効活用すべきです。

boil down to ~　詰まるところ～になる
- It boils down to common sense.　結局、常識が大事だということになります。

- The development manager's presentation boiled down to his request for more funds.
  その開発担当取締役のプレゼンは、煎じ詰めるともっと予算が欲しいという要求にすぎませんでした。

outsource　下請けに出す
- Let's outsource this item to a company in Thailand.
  タイの会社にこの品物を下請けに出しましょう。

- The work was outsourced to a Vietnamese factory last year.
  その仕事は昨年ベトナムの工場に下請けに出された。

エクササイズ 7 ①

次の日本文を英訳してください（特に前置詞に注意を払うこと）。　　　解答 ▶ p.186

1　われわれは今日ここに会社の10周年記念を祝うために集まっています。

2　われわれ以外にも製造業者の候補はいるのですか？

3　これ以上の経費がかからないことを望みます。

4　私は現在3つのプロジェクトを扱っていて手いっぱいです。

5　締め切りが迫っているので、われわれはベストを尽くさなければならない。

6　この製品は小売りも卸売りもするのですか？

7　無駄にする時間はないので、すぐに仕事に取り掛かりましょう。

8　われわれは、過去の営業経験を有効活用すべきです。

9　あなたの話は、煎じ詰めるとどうなりますか？

10　どのくらいの種類の部品を下請けに出しているのですか？

■ **BATNA②**

Job Interview and Salary Discussion [ZOPA]

A = Mike O'Brien, Personnel Manager
B = Minoru Hayashi, Job Applicant

A: I'm very glad to see you. I'm Mike O'Brien, personnel manager.

B: Thank you for giving me this opportunity. I'm Minoru Hayashi.

A: You're welcome, Hayashi-san. I'm glad you came. Please let me know why you are applying for the job of our strategy manager.

B: Certainly. I'm currently employed by Zack Corporation as a strategist. I'm very much interested in getting a line manager's position of your strategy section, because I would like to expand my current job responsibility.

A: I see. May I ask how long you have been in your current position?

B: Sure, you may. This is my third year as a strategist. I've been responsible for creating our company's overall strategy for new products development and their rollout plans.

A: Thank you for explaining your current job responsibility. Now, please let me know how much you earn in a year.

B: I earned about $70,000 last year. And I think I'll get a pay raise this year.

A: What is your target annual salary as a strategy manager in our company?

Vocabulary ....

□ personnel manager　人事部長

□ job applicant　仕事の応募者

□ strategy manager　戦略課長

□ be applying for ~　~に応募している

□ I'm currently employed by ~　現在~で雇われています

□ line manager　部下を持つ課長や部長　＊first line（課長）、second line（部長）、third line（部門長）
のように地位が上がっていく。

■ 不調時対策案②

仕事の面接と給料の話し合い
【交渉可能領域】

概説編 ▶ p.18

> **A** = 人事部長、マイク・オブライエン
> **B** = 仕事の応募者、林稔

A: お会いできてとてもうれしいです。私は、人事部長のマイク・オブライエンです。

B: この機会をいただきまして感謝いたします。私は林稔と申します。

A: どういたしまして、林さん。お越しいただきうれしいです。わが社の戦略課長の仕事になぜ応募されたのか教えていただけますか？

B: 承知しました。私は、現在、ザック・コーポレーションに戦略家として雇われています。私は御社の戦略課長のポストに就くことにとても興味を持っています。なぜなら、現在の職務の責任範囲を広げたいからです。

A: 分かりました。現在の地位に就いてどのくらいになるかお聞きしてもよろしいですか？

B: もちろん構いません。戦略家として、今年で3年目です。私は会社全体の新製品開発とそれらの発表活動計画の戦略を立てる責任を持っています。

A: 現在の仕事の責任範囲を説明してくれてありがとう。次に、1年間にいくら収入があるか教えてください。

B: 私は昨年7万ドル (約750万円) の収入を得ました。そして今年は、昇給される予定です。

A: わが社の戦略課長として、あなたが目標にしている年収はいくらですか？

☐ expand my current job responsibility　現在の職務の責任範囲を広げる
☐ your current position　あなたの現在の仕事
☐ rollout plans　発表活動計画
☐ how much you earn a year　1年間にいくら稼ぐか
☐ your target annual salary　あなたの目標とする年収

B: If all possible, I would like to make $90,000 to $100,000 a year.

A: That sounds like a rather tall order. Our best offer will be somewhere around $85,000 a year.

B: I understand that your proposal seems reasonable, but I've been applying for other companies, who offered me more than that.

A: Thank you for sharing the information. As we consider that you'll be a great asset to our company, we offer you $95,000 a year. Please understand that this is our best offer and we appreciate it very much if you don't share this information with anybody else.

B: Thank you very much for your generous salary offer. Let me talk with other companies and see what they'll say about the highest salary they would offer.

A: That's OK with us. Let me repeat that we're very much interested in hiring you with an annual salary of $95,000. We'll wait for your call by the day after tomorrow.

B: Could you give me one week for my answer?

A: I'm sorry, but three days would be the longest I could give you, as there are other applicants who are very eager to get this position.

B: I fully understand your position. I promise to call you back within three days.

A: I'll be looking forward to your positive reply.

Vocabulary

☐ if all possible　もし可能であれば　＊if possibleよりも大げさな表現。
☐ that sounds like ~　～のように聞こえる
☐ somewhere around $85,000　大体8万5000ドルくらい
☐ sharing the information　情報を共有する
☐ other applicants　他の応募者

B: もし可能であれば、1年に9万ドル (約960万円) から10万ドル (約1070万円) 稼ぎたいです。

A: それは結構ハードルが高そうですね。われわれの提案できるベストは、年に約8万5000ドル (約910万円) です。

B: ご提案いただいた金額は妥当だと思いますが、私は他社にも応募していて、それ以上の金額を提示してくれました。

A: 貴重な情報を共有させていただきありがとう。われわれは、あなたがわが社にとって貴重な財産になると考えていますので、年に9万5000ドルお支払いしましょう。これがわれわれのベストであり、ほかの誰ともこの情報を共有しないようにしていただければ感謝します。

B: 高額な給料を提示してくださり感謝します。他の会社とも話をさせていただき、彼らが最高でいくらまでの給料を出してくれるか、確認してみます。

A: 私どもはそれで構いません。われわれは、あなたを年収9万5000ドルで採用することにとても興味を持っていることを繰り返させていただきます。ご返事を明後日までお待ちしております。

B: 返事をするまで1週間いただけませんでしょうか？

A: 申し訳ありませんが、3日間が最長です。なぜなら、この仕事にどうしても就きたい他の応募者の方たちがいますので。

B: お立場は十分に理解できます。3日以内にお電話することをお約束します。

A: 前向きなご返事をお待ちしております。

□ eager to get this position　この仕事にどうしても就きたい

　応募者が人事部長と面談し、希望年収が9万ドルから10万ドルの間と伝えると、人事部長が年収8万5000ドルなら出そうと言います。すると応募者は、他社とも面談していてそれ以上の金額を出してくれると言っている、と伝えます。そしてこれがBATNAの役目をしています。それを聞いた人事部長は、この応募者をぜひとも採用したいようで、9万5000ドルまでなら出そうということになりました。それでもしたたかな応募者は、その金額では承諾せずに、別の会社が最高でいくらまで出してくれるかを確認してから、3日以内に返事をするということになります。

　今後の予想できる展開としては、他社から10万ドルまで出すという返事があったと人事部長に伝えれば、あと5000ドルの上積みが可能になるかもしれません。この応募者はとても優秀でひっぱりだこの状態のようで、かなり強気な面談をしています。しかしそうでない場合には、あまり駆け引きをすると、そんなに高収入を要求するのであればわが社では結構ですからどこか別の会社へ行ってください、ということにもなりかねません。BATNAを使った駆け引きには十分な注意を払う必要があります。

【ZOPAとは？】ZOPAとはZone of Possible Agreement（交渉可能領域）のことで、交渉している両者が妥協できる領域のことを言います。このエピソードでは、応募者の希望する年収が9万ドルから10万ドルで、人事部長が9万5000ドルまでなら出せると言っているので、9万ドルから9万5000ドルまでの間の5000ドル分が、ZOPAになります。交渉ではこのZOPAを確認して進めると妥結しやすくなります。

pay raise　昇給（米）　＊pay rise（英）
　・I got a 5% pay raise last year.　私は昨年5パーセントの昇給を受けました。
　＊pay を付けない形でも使われる。

　・You'll get a raise soon.　近い内に、昇給を受けるでしょう。

tall order　難しい要求/注文
　＊この tall は背の高さとは関係なく、「途方もない、法外な」を意味する。

- That's a tall order, but I'll do my best.
  それは難しい注文ですが、ベストを尽くしましょう。

- Getting the project done on schedule is going to be a tall order.
  その仕事を予定どおりに終わらせるのは難しい要求になるでしょう。

appreciate　～を有難く思う、感謝する

- We appreciate it very much if you could do me a favor.
  一つお願いを聞いていただければ、とても感謝します。

- We appreciate it very much if you keep this a secret between us.
  これを私たちだけの秘密にしていただければ、大いに感謝します。

I fully understand your position.　あなたの立場は十分理解しています。

エクササイズ7②

次の日本文を英訳してください(特に前置詞に注意を払うこと)。　　　解答▶p.187

1　あなたはこの仕事に応募すべきですよ。

2　私はこの部門に責任を持っています。

3　あなたはこの仕事に興味がありますか？

4　あなたはわれわれの会社の大切な財産です。

5　私はそれでいいですよ。

6　私は夏休みを楽しみに待っています。

7　この5年間私はこの仕事に就いています。

8　セカンド・ライン管理者として、あなたは年収12万ドルを得ます。

9　この件については、上司と話させてください。

10　あなたの電話をお待ちしております。

■ Defense In Depth

Salary Discussion

A = Mark Bass, Personnel Manager
B = Takashi Satoh, Third Line Manager

A: Hi, Takashi, please sit down.

B: Hi, Mark, thank you for sharing some of your precious time.

A: I understand you need to talk about your next year's salary.

B: Yes, that's right. I strongly request an annual salary increase from $600,000 to $700,000.

A: Judging from the record, 40 development engineers have left the company in the past 12 months. It means your department's attrition rate is 50%. This is the worst attrition rate in the company.

B: I think the high attrition rate is the result of the long overtime hours needed to develop new products.

A: Whatever the case may be, your people management skills leave a lot to be desired. We are not be able to accept your requested salary increase. Instead, we would like to request an annual salary decrease of $100,000. In other words, your new annual salary will become $500,000.

B: That's terrible.

Vocabulary

☐ defense in depth　縦深防御、多層防御、多重防御
☐ salary discussion　給料の話し合い
☐ third line manager　サード・ライン・マネジャー(本部長)
☐ development engineer　開発エンジニア
☐ leave the company　退社する
☐ attrition rate　退社率

■ 縦深防御／多層防御／多重防御

給与の話し合い

概説編 ▶ p.19

| A＝人事部長、マーク・バス
| B＝サード・ライン・マネジャー（本部長）、佐藤隆

A: こんにちは、隆、どうぞ座ってください。

B: こんにちは、マーク、貴重なお時間をいただきましてありがとうございます。

A: 来年度の給料について話したいのですね。

B: はい、その通りです。60万ドルから70万ドルへ昇給していただけるよう強く要求いたします。

A: 記録から判断しますと、過去12カ月間に40人の開発エンジニアが退社しましたね。これは、あなたの部門の退職率が50パーセントということになりますね。社内では最悪の退職率ですよ。

B: 高い退職率は、新製品を開発するために必要な長時間の残業の結果だと思います。

A: 原因はどうあれ、あなたの人材管理能力は大いに改善すべき余地があります。あなたが要求した昇給を行うわけにはいきません。その代わり、給料の10万ドルの削減を要求します。言い換えますと、あなたの新しい年収は50万ドルになります。

B: それはひどいですね。

☐ long overtime hours　長時間の残業
☐ to develop new products　新製品を開発するために
☐ whatever the case may be　その事情はどうであっても、いかなる場合でも
☐ people management skills　人材管理能力
☐ an annual salary decrease of $100,000　年間10万ドルの給与減

A: Since I am not the final decision maker for your annual salary, I need the approval of our manufacturing director, Jack Rodriguez. Please go to his office immediately after we finish. He should be waiting for you.

B: I see. Please tell him that I'll be at his office in ten minutes.

> B = Takashi Satoh, Third line manager
> C = Jack Rodriguez, Manufacturing Director

C: Hi, Takashi, how are you today?

B: I'm fine. Thank you.

C: Mark asked me to take over his talk with you. I understand you agreed to a new annual salary of $500,000.

B: Not necessarily.

C: Here I have your achievement list for the past year. It shows that you announced ten new products, but only three products are making a profit.

B: The reason behind that is that our competitors have better products.

Vocabulary ....

☐ the final decision maker for ~ 　～の最終決定者
☐ manufacturing director 　製造担当取締役
☐ take over ~ 　～を引き継ぐ
☐ achievement list 　業績表
☐ make a profit 　利益を上げる

A: 私はあなたの年収の最終決定者ではないので、製造担当取締役のジャック・ロドリゲスの承認が必要です。私たちの話し合いが終わったらすぐに彼のオフィスに行ってください。彼が待っているはずです。

B: 分かりました。彼のオフィスに10分後に行くとお伝えください。

> **B** =サード・ライン・マネジャー(本部長)、佐藤隆
> **C** =製造担当取締役、ジャック・ロドリゲス

C: こんにちは、隆、今日の調子はどうですか？

B: いいですよ。ありがとうございます。

C: マークにあなたとの話の引継ぎを頼まれました。新しい50万ドルの年収に同意したと理解しています。

B: 必ずしもそうではありません。

C: ここにあなたの昨年度の業績表があります。あなたは10種類の新製品を発表していますが、利益を上げているのはそのうちの3つだけです。

B: その理由は、競合他社がわれわれよりも良い製品を持っているからです。

C: That's a poor excuse. In addition, our market share dropped from 30% to 15% in one year. Judging from your performance, I need to ask you to accept an annual salary of $400,000. Since I cannot make the final decision, I have asked the vice president, Andy Jones, to make the final decision of your annual salary.

B: Mark and you are giving me a very poor appraisal.

C: I believe I'm giving you the proper appraisal based on your poor performance. Please go to the office of the vice president, Andy Jones. He'll be waiting for you.

B: I feel like I'm riding on a very fast roller coaster straight to hell.

C: Don't be silly. Go all the way to the end of this hallway, and you'll find his large office on the corner.

B: Thank you for the directions.

B = Takashi Satoh, Third Line Manager
D = Andy Jones, Vice President

D: Hi, Takashi. How have you been? I haven't seen you for a long time.

B: I've been doing great. It's been two years since I last saw you at the award ceremony.

Vocabulary ⋯⋯⋯⋯⋯⋯⋯⋯⋯⋯⋯⋯⋯⋯⋯⋯⋯⋯⋯⋯⋯⋯⋯⋯⋯⋯⋯⋯⋯⋯⋯⋯⋯⋯

☐ poor excuse　下手な言い訳
☐ give ~ very poor appraisal　～にとても悪い評価を与える
☐ based on ~　～に基づいて

C: それは下手な言い訳ですね。その上、わが社のマーケットシェアは1年間で30パーセントから15パーセントに下がりました。あなたの実績から判断すると、40万ドルの年収を受け入れてもらう必要があります。私が最終結論を出すことはできないので、あなたの年収の最終結論を出すよう副社長のアンディ・ジョーンズに頼んであります。

B: マークもあなたも私に対してとても低い評価をしているのですね。

C: あなたの業績不振に基づいて、適切な評価をしていると思っています。副社長のアンディ・ジョーンズのオフィスに行ってください。あなたのことをお待ちです。

B: 私はまるで地獄に直行する超高速ジェットコースターに乗っているような気分です。

C: ばかなことは言わないでください。この廊下のずっと最後まで行けば、彼の大きなオフィスが角にあります。

B: 行き方を教えてくださり、ありがとうございます。

B＝サード・ライン・マネジャー(本部長)、佐藤隆
D＝副社長、アンディ・ジョーンズ

D: こんにちは、隆。どうされていましたか？　ずいぶん長い間お会いしませんでしたね。

B: とっても順調でしたよ。2年前の授賞式で最後に会って以来ですね。

D: Jack told me that he offered you a new salary of $400,000. I can't approve of it. I need to ask you to accept a new annual salary of $300,000 instead. Do you know how much we invested in developing your new products last year?

B: Sorry, but I'm not sure about the figure.

D: We spent $20 million last year and recovered only $10 million from sales.

B: I'm very sorry to hear that. But please reconsider the new annual salary of $300,000. I'll do my very best to recover from the current loss.

D: Since you promise to do your best effort, I'll raise it to $350,000.

B: Thank you so much for your reconsideration.

Vocabulary

□ do one's very best to ~　～をするために最善を尽くす
□ reconsideration　再検討

D: ジャックがあなたに40万ドルの新しい給料を提示したそうですね。私は<u>それを承認できません。その代わり、あなたに新しい年収の30万ドルを受け入れてもらうように頼む必要があります。</u>昨年、あなたが新製品を開発するために、われわれがいくら投資したか知っていますか？

B: 申し訳ありませんが、その数字ははっきりとは知りません。

D: わが社は昨年、2000万ドル投資して、たったの1000万ドルしか売り上げで回収していないのです。

B: それをお聞きして大変申し訳ないと思います。しかし、新しい年収の30万ドルは考え直していただけませんか。現在の損失から回復するために最善を尽くしますから。

D: <u>最善を尽くすと約束するなら、35万ドルに上げましょう。</u>

B: 再検討してくださいまして、大変ありがとうございます。

解説

　この交渉は3部に分かれています。サード・ライン・マネジャーの佐藤隆氏が、自分の給与について3名と話し合いを行っています。最初は、人事部長のマーク・バス氏と、次が製造担当取締役のジャック・ロドリゲス氏、3人目は副社長のアンディ・ジョーンズ氏と個別に話し合っています。

　最初の人事部長との話し合いでは、まず隆が人事部長のマークに対して、時間を取って会ってくれたことに謝辞を述べます。次に、マークが話し合いのテーマを隆に確認し、続いて隆が自分の希望年収を伝えます。マークは隆の昇給リクエストには答えずに、隆の部門の退職率の高さを挙げて、人材管理能力に改善すべき余地があることを指摘します。そして、ここまで隆の落ち度を非難した後で、その結果として昇給ではなく、給料の減額を要求します。上手な理由付けと言えます。次に、自分が最終決定者ではないと言って、製造担当取締役にバトンタッチします。これが、この多層交渉術の特徴です。

　次に隆は、2人目の製造担当取締役のジャックとの話し合いに入ります。ジャックは、隆の業績表を基に話を進めます。発表した10種類の製品の内、3種類しか利益を上げていない点、マーケットシェアが30パーセントから15パーセントに下がった点を取り上げます。ここまで理由を挙げてから、年収40万ドルを提示して、それを受け入れるように迫ります。このように相手の落ち度に乗じて反論できなくなる状況を作り出してから、こちらの条件を突きつけるのが、上手な交渉方法です。ここでまた、ジャックは自分は最終決定者ではないと言って、副社長にバトンタッチします。このように、波状攻撃を相手に加えて疲れさせるのが、この交渉術の肝です。

　最後に隆は、年収の最終決定者である副社長の所に行かされます。そして、副社長のアンディは、隆の担当している製品が2000万ドル（約21億円）の投資に対してその半分の1000万ドル（約10億5000万円）しか収入を得ていないことを理由に、年収を40万ドルから30万ドルに下げると伝えます。しかし、隆が今後は全力を尽くして売り上げを伸ばすと約束したので、情状酌量の余地があると感じて35万ドルに上げてくれました。そしてこの交渉は終わります。会社側の波状攻撃に隆が負けたことになりますが、会社側は、条件を下げるごとに、その正当性を隆に伝えているのです。

キー表現

leave a lot/much to be desired　改善の余地がたくさんある
- This negotiation leaves a lot to be desired.
  この交渉は大いに改善の余地がある。

- His presentation skills leave much to be desired.
  彼のプレゼン能力は大いに改善の余地があります。

Not necessarily.　必ずしもそうではありません。
　＊言われたことや提案されたことが必ずしも合っていないときに使う。

The reason behind that is ~　その理由は～である

judging from ~　～から判断して
- Judging from this schedule, we have a busy week ahead.
  この予定から判断して、来週は忙しくなるでしょう。

- Judging from our experience, this product should be difficult to produce.　私たちの経験から判断して、この製品は製造するのが難しいはずです。

エクササイズ 8

　次の日本文を英訳してください。　　　　　　　　　　　　解答 ▶ p.187

1　記録から判断すると、2年間に全従業員の半分が退社しました。

2　あなたのプレゼン資料は大いに改善の余地があります。

3　換言すると、あなたの初任給は約4万ドルになります。

4　今までの交渉結果に満足していますか。必ずしもそうではありません。

5　なぜわが社の製品は競争力がないのですか。その理由は、わが社の製造コストが高過ぎるからです。

6　換言すれば、われわれはこの交渉でフェアに扱われていないと感じています。

7　来週から私があなたの仕事を引き継ぎます。

8　わが社の社長が、最終決定者です。

9　昨年の売り上げを知っていますか？

10　今年、いくら損失したか知っていますか？

■ **Brinkmanship**

Discussing a Salary Increase and a Bonus

A = George King, Company President
B = Steve Nelson, Labor Union Leader

A: It's nice to have a meeting with our labor union leader, Steve Nelson.

B: Thank you for meeting with me, President King. We are here today to discuss our salary and bonus issues.

A: I understand that you're requesting a 10% salary increase and an additional one-time cash bonus of $10,000 per worker. You understand, don't you, that our sales have declined sharply due to COVID-19?

B: I fully understand the current situation. Before the COVID-19 pandemic hit the country, our company had been making a large profit over the past ten years. Our company had accumulated internal reserves of half a billion dollars.

A: Let me make it clear that our internal reserves are for future use and for critical moments.

Vocabulary

☐ company president　会社社長
☐ labor union leader　労働組合委員長
☐ discuss salary and bonus issues　給料とボーナス問題について話し合う
☐ a 10% salary increase　10パーセントの昇給
☐ an additional one-time cash bonus　追加の一時金

■「瀬戸際」戦術

昇給とボーナスの話し合い

概説編 ▶ p.20

| A＝会社社長、ジョージ・キング
| B＝労働組合委員長、スティーブ・ネルソン

A: わが社の労働組合委員長のスティーブ・ネルソンさんと会ってお話しできるのはとても素晴らしいことです。

B: キング社長、私と会って話をさせてくださり感謝しております。今日はここで、給料とボーナスの問題について話し合いをさせていただきます。

A: 10パーセントの昇給と追加の一時金を、労働者1人当たり1万ドル要求しているそうですね。新型コロナウイルス感染症のせいで、わが社の売り上げが急激に下がったことをご理解いただいていますよね？

B: 現在の状況は十分に理解しております。新型コロナウイルス感染症がこの国を襲う前の10年間、わが社は大きな利益を上げ続けていたではありませんか。わが社は、内部留保金を5億ドルも貯めましたね。

A: 内部留保金は、将来使うためと、危機に瀬したときに使うためのものだということをはっきりさせていただきます。

....

□ due to COVID-19　新型コロナウイルス感染症のせいで
□ make a large profit　大きな利益を上げる
□ internal reserve　内部留保

B: We know that we need to have a certain amount of internal reserves, but don't you think internal reserves of half a billion dollars is simply too much? And here is the crucial point. The reason why we are requesting a 10% salary raise is that average employees' salaries increased only 20% over the past ten years. That's only 2% per year.

A: That's an average salary increase rate in our industry.

B: You are right about that. But according to our internal research, our managers' salaries have increased 80% on average over the same period. That's four times more than the average worker's increase.

A: You realize it's customary to pay high salaries to managers in our industry.

B: Don't you have a guilty conscience for sharing profits made by the workers among the managers alone?

A: But it's just the norm in a democratic society.

B: I see. You think your managers have all the rights. And you're treating your workers just like Egyptian slaves in ancient times.

A: Don't you think that's an overstatement?

Vocabulary

□ average employee's salary　平均的な従業員の給料
□ You are right about that.　それについて、あなたは正しいです。
□ according to our internal research　われわれの内部調査によると
□ it's customary to ~　~することが慣習である
□ guilty conscience 罪悪感

B: ある程度の金額を内部留保金として取っておく必要性があることはわかっています。しかし、5億ドルもの内部留保金はあまりにも多過ぎると思いませんか？ そして、ここが非常に重要な局面なんです。10パーセントの昇給を要求している理由は、この10年間で平均的な従業員の給料は20パーセントしか上がってないのですよ。これは1年にほんの2パーセントにしかなりません。

A: それはわれわれの業界では平均的な年収の伸び率ですよ。

B: それについて、あなたは正しいです。しかし、われわれが内部で調査したところ、わが社の管理職の給料は同じ期間で平均80パーセントも上昇しているのですよ。それは、平均的な従業員の上昇率の4倍です。

A: われわれの業界では、管理職に高い給料を支払う慣習があることはご存じですよね。

B: 従業員が稼いだお金を管理職たちだけで分けていることに対して罪悪感はないのですか？

A: しかし、民主主義社会ではそれはごく普通のことです。

B: 分かりました。あなたは、管理職が全ての権利を持っていると考えているのですね。そしてあなたは、自分の労働者たちを古代エジプトの奴隷のように扱っているのですね。

A: それは言い過ぎだと思いませんか？

□ norm　平均水準

B: I understand that you have no intention to accept our requests. So we have no other choice but to go on strike in one week.

A: What do you think you can get by going on strike?

B: We can at least make management realize that our plants need workers to produce products.

A: Can we meet you halfway?

B: That's out of the question. We will go on strike unless we hear an acceptable counterproposal from you within a week.

A: We might close the plants and lay off the workers.

B: Are you threatening us? We'll stick to our guns about our demands.

A: Since you're so adamant about your demands, we'll offer a counterproposal in three days.

B: We are looking forward to hearing good news from you.

Vocabulary

☐ go on strike　ストライキを始める
☐ acceptable counterproposal　受け入れられる対案
☐ Are you threatening us?　私たちを脅しているのですか？
☐ be adamant about ~　~に固執する

B: われわれの要求を受け入れる意思は全くないのですね。では、われわれには1週間後にストライキを始める以外に選択肢はありませんね。

A: ストライキをして、何が得られると考えているのですか？

B: 少なくとも、工場は製品を作るために労働者が必要だと、管理者たちに分からせることはできます。

A: 中間点で合意できませんか？

B: それは問題外ですよ。1週間以内に納得のいく対案をいただけなければ、ストライキに入ります。

A: 工場を閉鎖して従業員を一時解雇するかもしれませんよ。

B: 私たちを脅しているのですか？　われわれは自分たちの要求に関して譲りませんよ。

A: 自分たちの要求にあなたがあまりに固執するので、3日後にこちらの対案を提示しましょう。

B: 良い知らせを楽しみにお待ちしています。

解説

会社社長のジョージ・キング氏が、10パーセントの給与の値上げと一時金1万ドルを要求してきた労働組合委員長のスティーブ・ネルソン氏と交渉を行います。そして、労働組合委員長は、この交渉術の特徴である相手を最後までとことん追い詰める態度を取り続けます。会社側が新型コロナウイルスで売り上げが急激に落ち込んだと言っても、聞く耳を持ちません。そして、内部留保金が5億ドルもあるのだからそれを使えと言い張ります。内部留保金は将来および緊急時のためのものであると社長が言うと、スティーブは今がその時でしょう、と言い返します。

さらにスティーブは、昇給に関してはこの10年間に管理職の給与は80パーセント上がっているが、一般従業員の給与はその4分の1の20パーセントしか上がっておらず、フェアでないと怒りを表します。そもそも従業員の頑張りで稼いだお金を、管理職たちだけで分けているのがおかしいと。すると会社側は、従業員に対する年間2パーセントの賃上げは平均的なものであり、管理職の昇給が高いのも業界では普通であると反論します。このあたりの数字を組合側が調べて交渉に使っているのが目立ちます。交渉の際には相手の反論を想定して、それに対抗するための証拠や数字などを準備しておくことが大切です。

組合側がどうしても要求を変えず、So we have no other choice but to go on strike in one week.と言って、ストライキに突入すると脅すので、会社側はCan we meet you halfway?と、何とか中間点での妥結を提案します。しかし組合側はThat's out of the question.と言って、それを断固として拒絶します。この後の展開としては、会社側が組合側に何らかの対案を提示して、歩み寄る姿勢を見せることでしょう。組合側の態度は前述の交渉術、Chicken(「臆病者」戦術)とよく似ています。

キー表現

accumulate 蓄積する

- Our company accumulated internal reserves of half a billion dollars. わが社は、内部留保金を5億ドルも貯めましたね。

- Our employees' pay increases as they accumulate experience and develop skills. わが社の社員の給料は、経験と技術を蓄積すると上がります。

overstatement 言い過ぎ

- Don't you think that's an overstatement?
  それは言い過ぎだと思いませんか？

meet someone halfway （人と）歩み寄る、妥協する

- Can we meet you halfway?　中間点で合意できませんか？

- Can you at least meet us halfway on this issue?
  この問題で、少なくとも中間点で合意できませんか？

out of the question 問題外である

- That's out of the question.　それは問題外ですよ。

- Asking our director for more funds on this project was completely out of the question.
  取締役にこのプロジェクトにもっと予算を要求するのは完全に問題外だった。

stick to one's guns 自分の意見に固執する

- We'll stick to our guns about our demands.
  われわれは自分たちの要求に固執します。

- Why are you sticking to your guns about this subject?
  この件に関して、なぜ固執するのですか？

エクササイズ 9

次の日本文を英訳してください。　　　　　　　　　　　　　解答 ▶ p.188

1　わが社はこの5年間に大きな利益を上げてきました。

2　そして、ここがその重要な局面なのです。

3　それは、われわれの業界では平均的な昇給率です。

4　それは言い過ぎだと思いませんか？

5　あなたはわれわれの要求を受け入れる意思はないのですね。

6　しかし、それは民主主義社会では単に普通のことです。

7　ストライキするしか他に選択肢はありません。

8　それは問題外です。

9　われわれは自分たちの要求に固執します。

10　中間点で合意できませんか？

■ **Foot-in-the-Door**

Selling Fish Oil Products

A = Sales Rep
B = Housewife

A: Good afternoon. May I talk with you for just a few minutes?

B: Sorry, but I'm busy now.

A: Please give me just a second.

B: OK, if you insist. What's the purpose of your call?

A: I'm a sales rep for fish oil products.

B: I've been taking fish oil soft gels for the past five years.

A: May I come in? I just want to show you our products.

B: I was about to go out shopping.

A: It won't take long. I promise. Here's our free 30-softgel sample.

B: Thank you. Then please come in, but please finish your sales pitch in five minutes.

A: That should be long enough. May I see your fish oil bottle?

B: Here you are.

A: Oh, this is an expensive brand. How much do you pay for one bottle?

Vocabulary ....

☐ sales rep　訪問販売員 ＊sales representativeの略。
☐ housewife　主婦 ＊代わりに家事をして外での仕事を持たない夫をhousehusband「専業主夫」と呼ぶ。
☐ call　訪問 ＊短い訪問に使う。

■「フット・イン・ザ・ドア（最初のきっかけ）」戦術

魚油製品を売りつける

概説編 ▶ p.20

| A ＝販売外交員
| B ＝主婦

A: こんにちは、ほんの少しだけお話しできますか？

B: すみませんが、今は忙しいのです。

A: ほんの少しだけお時間をください。

B: そこまでおっしゃるのならいいでしょう。あなたの訪問の目的は何ですか？

A: 私は魚油製品の販売外交員です。

B: この5年間魚油のソフトジェルを飲んでいますよ。

A: 入ってもよろしいですか。わが社の製品をお見せしたいだけですから。

B: 私は買い物に出かけるところだったのですよ。

A: あまり時間は取らせません。お約束します。これは、試供品のソフトジェル30錠です。

B: ありがとう。それでは入ってください。でも、5分で営業トークは終わらせてくださいね。

A: それだけあれば、きっと大丈夫です。あなたの魚油のボトルを見せていただけますか？

B: はい、これです。

A: ああ、これは高級なブランドですね。このボトルにはいくら払っているのですか？

☐ May I talk with you for just a few minutes?　ほんの少しだけお話しできますか？
☐ if you insist　そこまで言い張るのなら
☐ soft gel　ソフトジェル
☐ be about to ～　ちょうど～するところ

B: One bottle costs me 3,500 yen.

A: Our price is just 2,500 yen, which is 29% lower than yours.

B: That's a very attractive price. I'll take one bottle. Here's 2,500 yen.

A: Thank you. If you buy one bottle a month for one year, we can offer a special discount price of 1,500 yen per bottle. You can save 40% per bottle.

B: That gives me a big saving. How about shipping costs?

A: If you sign a one-year purchase contract, we will offer you free delivery.

B: I'm glad to hear that.

A: To get the free delivery, please sign this document. How are you going to pay for it?

B: Please charge it to this credit card.

A: Thank you very much for your order. This is your copy.

B: I have to thank you too.

A: Have a wonderful day.

B: You too now.

Vocabulary

☐ One bottle costs me 3,500 yen.　1瓶で、3500円です。

☐ I'll take one bottle.　1瓶もらいます。＊店で何かを購入する際には、buyよりもtakeの方がよく使われる。

☐ offer a special discount price of～　特別割引価格の～を提供する

☐ shipping costs　送料

B: 1瓶で、3500円です。

A: わが社の値段は、たったの2500円ですよ。あなたのよりも29パーセントも安いです。

B: それはとても魅力的な値段ですね。1瓶もらいます。はい、2500円です。

A: ありがとうございます。毎月、1瓶ずつ1年間買っていただければ、特別割引価格の1500円でご提供できます。1瓶あたり40パーセント引きです。

B: それならずいぶん節約できますね。送料はどうですか？

A: 1年間の購入契約にサインしていただければ、配達料は無料です。

B: それはうれしいわね。

A: 配達料を無料にするためにこの書類にサインしてください。お支払いはどうされますか？

B: このクレジットカードに請求してください。

A: ご注文いただきまして、どうもありがとうございます。これがお客さまの控えです。

B: こちらこそ、ありがとう。

A: 良い一日をお過ごしください。

B: あなたもね。

☐ free delivery　送料無料
☐ How are you going to pay for it?　お支払いはどうされますか？
☐ Please charge it to this credit card.　このクレジットカードに請求してください。
　＊支払いの際の「現金ですか、カードですか？」は、Is this cash or charge? または省略して Cash or charge? と言う。

　この交渉は、最初に小さい要求をして、相手との関係が和んできたときに、本題の要求をするというパターンです。相手にドアを閉められないように自分の足を入れるという、リアルな表現がその名前になっています。戸別訪問の販売員が、ある家の主婦に対して魚油のサプリメントを売り込むという設定です。とにかく、セールストークをしないと品物が売れないので、May I talk with you for just a few minutes?と、相手に時間を割いてもらうためのお願いから始めますが、相手は忙しいと言って時間をくれようとしません。

　そこで、時間はかからないと約束して、試供品のソフトジェルを30錠渡します。主婦はそれをもらうと、お返しをしなければならないという気持ちになり、訪問販売員を屋内に入れます。販売員は主婦が5年間飲んでいる魚油のボトルを見せてもらい値段を尋ねます。すると、現在飲んでいる魚油のボトルが3500円と聞き、自分のものは29パーセントも安い2500円だと言ってまずひと瓶売り込むと、相手が買ってくれます。しかし、1瓶売るのが目的ではなく、本来の目的は1年契約を取ることです。そこで、1瓶2500円のものが1年契約だと40パーセント引きの1500円になると言って年間契約を提示します。

　そして、主婦が送料のことを心配して尋ねてくると、If you sign a one-year purchase contract, we will offer you free delivery.と言って、1年契約をしてくれれば配送料は無料だという条件を提示して、1年契約書にサインをもらい、見事に取り引きを成功させます。無料の試供品をもらい、1瓶2500円で売ってもらった後なので、主婦の気持ちがほぐれてきて、訪問販売員に対する信頼が増して成約を果たします。このようにして、訪問販売品は1年契約を取ることに成功しました。

take long　時間がかかる

- It won't take long.　あまり時間は取らせません。

- It won't take long to make five copies of this document.
  この書類のコピーを5部取るのにあまり時間はかからないでしょう。
  ＊肯定形の It will take long. だと「それは時間がかかるでしょう」の意味。

・Hurry up. You are taking too long.　急いで、時間をかけすぎですよ。

・I'm just going to the men's room. I won't be long.
　私はトイレに行くだけなので、あまり時間はかかりません。

・That should be long enough.　それだけあれば、きっと大丈夫です。

Here you are. はい、これです。　＊Here it is. も同じ意味。

・Pass me the salt, please. Here it is.
　塩を取っていただけますか。はい、どうぞ。

・Do you have this coat in a different color? Here it is.
　この上着で別の色はありますか。はい、これです。

エクササイズ 10

次の日本文を英訳してください。　　　　　　　　　　　解答▶p.188

1　申し訳ないのですが、今、忙しいです。

2　あなたの訪問の目的は何ですか？

3　今から買い物に行くところです。

4　あまり時間はかかりません

5　はい、これです。

6　配達料はどうなっていますか？

7　配達料は無料で提供します。

8　それをどのようにお支払いになりますか？

9　このカードに請求してください。

10　ご注文いただきましてありがとうございます。

■ **Door-in-the-Face**

Requesting Yield Data

A = Ricky Bates, Buyer
B = Hiroshi Takahashi, Vendor

A: Hi, Hiroshi. How are you today?

B: Outstanding. Thank you.

A: I would like to ask a special favor of you today.

B: What kind of favor are you talking about?

A: We are gathering manufacturing data on our products, such as cost, yield rate, and so forth.

B: I see. What kind of data do you want from us?

A: As you might well know, we have been buying approximately one hundred kinds of components from your company for the past ten years. We would appreciate it very much if you could provide us with your monthly yield rate on all the components for the past ten years.

B: Wow, that's quite a job. I don't think we can easily comply with such a tough request. We would have to assign one or two engineers for at least a month to gather all the required data. All of our engineers are tied up with current jobs and don't have time to spare.

Vocabulary ....

☐ vendor　業者
☐ outstanding　ものすごくいい
☐ manufacturing data of our products　自分たちの製品の製造上のデータ
☐ such as cost, yield rate, and so forth　コストや歩留まり率などの
☐ as you might well know　十分ご存じの通り
☐ for the past ten years　この10年間で

■「ドア・イン・ザ・フェイス（門前払い）」戦術

歩留まり率データをリクエストする

概説編 ▶ p.21

| A＝バイヤー、リッキー・ベイツ
| B＝業者、高橋博

A: こんにちは、博。今日の調子はどうですか？

B: とってもいいですよ。ありがとう。

A: 今日は特別なお願いがあります。

B: どんな依頼の相談ですか？

A: 私たちは、自分たちの製品のコストや歩留まり率などの製造上のデータを集めています。

B: 分かりました。私たちからはどんなデータが必要ですか？

A: 十分ご存じの通り、この10年間に御社から約100種類の部品を購入してきました。この10年間の全部品の月別の歩留まり率を提供していただければ、とても感謝いたします。

B: ああ、それは大変な仕事ですね。そのような難しいリクエストには簡単にお答えできないと思います。必要なデータを全て集めるには、少なくとも1人か2人のエンジニアを1カ月間割り当てなければならないでしょう。当社の全てのエンジニアは、現在の仕事で手いっぱいで、割く時間はありません。

- -

☐ we would appreciate it very much if you could ～　～していただければとても感謝いたします

☐ monthly yield rate　月別の歩留まり率

☐ assign one or two engineers　1人か2人のエンジニアを割り当てる

☐ be tied up with current jobs　現在の仕事で手いっぱいで

☐ don't have time to spare　割く時間はない

A: I understand your current situation. I might have asked a tremendous job.

B: Then wouldn't it be possible to reconsider your request?

A: Let me talk it over with our people and get back to you in a couple of days.

B: I'm glad to hear that. Please understand that we are willing to help you, but your request is beyond our capacity.

(Two days later, Ricky calls Hiroshi back on the subject.)

A: Hello, Hiroshi. This is Ricky speaking. Do you have a minute?

B: Certainly.

A: I talked about the request with our people and decided to ask you the yield rate data for the last 12 months instead of ten years.

B: That sounds more doable. I think we can help you with that. How soon do you need the data?

A: Thank you very much for your cooperation. Would one month be too short for you?

B: I have to check the schedules of our engineers and get back to you tomorrow.

A: That's wonderful. I'll wait for your call.

Vocabulary

☐ tremendous job　とんでもなく大変な仕事
☐ Wouldn't it be possible to ~?　～していただくことは可能でしょうか？
☐ reconsider your request　リクエストを再考する
☐ doable　実行の可能性がある

A: あなたの現在の状況は理解できます。とんでもなく大変な仕事をお願いしたのかもしれませんね。

B: それでは、リクエストを再検討することは可能でしょうか？

A: 社内の人間と話して、2日後にご連絡します。

B: そうお聞きしてうれしいです。喜んでお手伝いしたいのですが、ご要望がわれわれの能力を超えていることをご理解ください。

(2日後、この件についてリッキーが博に電話をする)

A: もしもし、博。リッキーです。ちょっとお時間ありますか？

B: ええどうぞ。

A: 社内の人間とリクエストについて話をして、お願いするのは10年間ではなく、12カ月分の歩留まり率のデータと決めました。

B: その方がもっと実現の可能性があります。それならお役に立てると思います。どのくらいすぐにそのデータが必要ですか？

A: ご協力ありがとうございます。1カ月では短か過ぎますか？

B: エンジニアのスケジュールを確認して、明日お電話します。

A: それは素晴らしいですね。お電話お待ちしています。

☐ How soon do you need ~?　どのくらいすぐに～が必要ですか？
☐ Would one month be too short for you?　1カ月では短か過ぎますか？

(On next day, Hiroshi calls Ricky.)

B: Hello, Ricky. This is Hiroshi speaking.

A: I'm very glad that you called me back so quickly.

B: Regarding your request on the yield rate, our engineers told me that they will be able to turn in the data in three weeks.

A: That's super. I don't know how to thank you and your engineers.

B: We're glad that we can help you in this matter.

Vocabulary

□ That's super.　それは素晴らしい。

(翌日、博がリッキーに電話をする)

B: もしもし、リッキー、博です。

A: こんなに早くお電話をくださり、とてもうれしいです。

B: 歩留まり率のリクエストに関してですが、当社のエンジニアが、3週間後に提出できると言ってくれました。

A: それは素晴らしい。あなたとエンジニアの皆様にどのように感謝すれがよいか分かりません。

B: この件について、お手伝いできてうれしいです。

この交渉は、金額に関するものではありません。バイヤーのリッキー・ベイツが、業者の高橋博に、自社製品の歩留まり率のデータの提出をリクエストする話です。歩留まり率とは、例えば、100個製造して100個全てが良品であれば、歩留まり率は100パーセントとなります。不良品がないので、無駄なコストを使わずに、低コストで製品を製造したことになります。90個が良品であれば、歩留まり率は90パーセントとなります。つまり、歩留まり率は高いほど良く、低いほど悪くなります。

この交渉ではバイヤーが、自社が発注している約100種類の製品の過去10年間の月別の歩留まり率を全て提出してくれるように、業者に要求します。We would appreciate it very much if you could provide us with your monthly yield rate on all the components for the past ten years.と、現実的でない法外な要求をしますが、これがこの交渉術の肝になります。

この要求によって、バイヤーは門前払いをくらいかけます。「エンジニアは全員、現在の仕事で忙しいのでデータを作成するのに2人のエンジニアが1カ月かかる」と業者は言って、暗に断ります。そして業者は、もっと現実的なリクエストに変更してもらうように、バイヤーに頼みます。するとバイヤーは、最初の要求を大幅に変更し、10年分ではなく10分の1の1年分に譲歩します。その後、バイヤーが1カ月でデータを出してくれるように頼むと、業者は3週間で出しましょうという返事をします。

このようにして、バイヤーが最初に法外な要求を出し、次にその要求を大幅に変更することにより業者が受け入れてくれたので、この交渉術は見事に成功しました。

キー表現

ask a favor お願いをする ＊favorは「親切な行い、世話」という意味。

- I would like to ask a special favor of you today.
  今日は、ひとつ特別なお願いがあります。

- Would you do me a favor? ひとつお願いがあるのですが。

approximately おおよそ ＊「正確な／に」は exact と exactly を使う。

＊about、around、roughly もそれぞれ「約…」を意味するが、ビジネス英語では approximately を使うことが望ましい。他の3つはビジネス英語ではあまり正確性を持たない。

- What is the approximate cost of repair work?
  修理作業の大体の費用はいくらですか？

- The repair will cost you approximately $2,500.
  修理代は約2,500ドルです。

- We need the exact figure of the construction cost of our new plant.　わが社の新工場の正確な建設費が必要です。

in a couple of days　2日後
　　＊a couple of は、「2」または、「2〜3（数日）」の意味で使われる。大体は2を意味するが、2〜3日を意味しているのか、確認する必要がある場合は注意。2なのか、2〜3なのか確認する際は、Does a couple of days mean two days or two to three days?（a couple of days は、2日ですか、それとも2〜3日を意味するのですか？）。

your request is beyond our capacity　要求がわれわれの能力を超えている

I don't know how to thank you and your engineers.
　　あなたとエンジニアの皆様にどのように感謝すればよいか分かりません。
　　＊丁寧にお礼を言う際の似た表現に次のようなものがある。

- I cannot express my gratitude enough.
  感謝の気持ちを十分に表すことができません。

- Words alone cannot express my gratitude.
  言葉だけでは私の感謝の気持ちを表すことができません。

エクササイズ 11

次の日本文を英訳してください。　　　　　　　　　　解答▶p.188

1　あなたに特別なお願いがあります。
2　われわれから特別に欲しいデータは何ですか？
3　その情報をご提供いただければとても感謝します。
4　あなたの要求を再考していただくことは可能でしょうか？
5　あなたの要求はわれわれの能力を超えています。
6　その方がもっと実現の可能性があります。
7　1カ月は短か過ぎでしょうか？
8　私の予定表をチェックしなければなりません。
9　そのデータは2週間後に提出いたします。
10　あなたとエンジニアの皆様に、どのように感謝してよいかわかりません。

■ **Escalation**

Producing a Large Order

A = Steven Goldstein, Sales Manager
B = William Adams, Plant Manager

A: Hi, Bill. Today I would like to talk about a very big order from Updike Company for 12,000 units on our part number XX7.

B: Congratulations on receiving such a big order. When do they want us to ship the order?

A: They need the first 2,000 units to be shipped in four months. And 2,000 units every month for another five months.

B: I don't quite understand their delivery request. Please describe it more clearly.

A: I'm sorry. Let me rephrase it. Updike Company's delivery requirement is 2,000 pcs per month starting from the end of May this year and ending at the end of October, for a total of 12,000 units.

B: Now I fully understand their shipping requirements. Unfortunately, all our production lines are fully occupied for another six months. I hate to say this, but it means we will not be able to comply with your request.

A: That's too bad. Unless we meet their delivery request, they will cancel the order and place it with some other manufacturer.

Vocabulary

□ escalation　上申
□ ship the order　注文を発送する
□ Let me rephrase it.　言い換えさせてください。
□ starting from the end of May this year and ending at the end of October　今年の5月末から始めて10月末まで、
□ unfortunately　残念ながら

■「上申」戦術

大量の注文の製造

概説編 ▶ p.22

> A＝営業部長、スティーブン・ゴールドスタイン
> B＝工場長、ウィリアム・アダムス

A: こんにちは、ビル。今日は、アップダイク社からのわが社の部品番号XX7の1万2千個の大口の注文についての話し合いをしたいと思います。

B: そんな大口の注文を受けておめでとうございます。注文品はいつ発送してほしいのでしょうか？

A: 最初の2000個は4カ月後の出荷を希望されています。そして、さらに5カ月間2000個ずつ毎月です。

B: 先方の納入要求をはっきり理解できません。もっとわかりやすく説明していただけませんか。

A: 申し訳ありません。言い換えさせてください。アップダイク社の納入要求は、2000個ずつを今年の5月末から始めて10月末まで、合計1万2000個です。

B: やっと彼らの納入要求がよく理解できました。残念ながら、われわれの生産ラインは全て、あと6カ月間は完全に埋まっています。言いにくいのですが、それはあなたの要求には応えられないことを意味しています。

A: それは困りましたね。われわれが納入要求に応じることができなければ、この注文をキャンセルして別の製造業者に発注するでしょう。

□ be fully occupied　完全に埋まっている
□ comply with one's request　要求に応じる
□ meet one's delivery request　〜の納品要求を満たす

B: Whatever you say, we cannot stop our active production lines and start building parts for Updike Company.

A: Then we will lose our biggest order of the year. The total amount of the order is 30 million dollars. As a result, we may miss our annual sales quota.

B: I'm very sorry to hear that, but there is nothing we can do about it.

A: Okay. Then I have no other choice but to escalate this matter to your vice president.

B: We have no objection. Go ahead and talk with our vice president. I'll call and brief him on this and tell him that you'll call.

A: Thank you for your kind help.

> **A** = Steven Goldstein, Sales Manager
> **C** = Joe Murphy, Vice President

A: Thank you for taking time out of your tight schedule to meet with me.

C: That's quite all right. I'm happy to meet with you. What can I do for you?

Vocabulary

☐ active production lines　稼働中の生産ライン
☐ as a result　結果として
☐ annual sales quota　年間の売り上げ目標
☐ escalate　上申する
☐ have no objection　異論はない

B: 何と言われても、稼働中の生産ラインを止めて、アップダイク社のために
部品を作ることはできません。

A: そうなると、われわれは今年一番の大口注文を失うことになるでしょう。
注文の総額は3000万ドル (約32億円) ですよ。結果として、年間の売り上
げ目標を達成できないかもしれません。

B: それを聞くととても残念ですが、私たちにできることは何もありません。

A: 分かりました。それでは、他に選択肢がないので、この件をあなたの副社
長に上申します。

B: 私たちは構いませんよ。どうぞ、われわれの副社長と話をしてください。
彼に電話してこの件の要点をかいつまんで説明し、あなたから電話がくる
と伝えておきます。

A: ご親切にありがとうございます。

| A = 営業部長、スティーブン・ゴールドスタイン
| C = 副社長、ジョー・マーフィー

A: お忙しいスケジュールのお時間を割いて、会って話をさせていただきまし
てありがとうございます。

C: それは全然問題ありませんよ。会って話ができてうれしいです。私はどの
ようなことをすればいいですか?

......

□ brief 要点をかいつまんで説明する

A: I assume Bill has already briefed you on Updike's order.

C: Yes, I'm well aware of the issue.

A: We'll be losing the largest order of this year, amounting to 30 million dollars, unless we meet their requirements.

C: I completely agree with you that we shouldn't lose the order.

A: But Bill told me he couldn't produce the required quantity in house to meet Updike's delivery schedule.

C: I support his position. We have no more production capacity to satisfy Updike's order.

A: Do you suggest canceling the order?

C: On the contrary, I have an alternative plan.

A: May I ask what it is?

C: Certainly. One of our vendors has drastically increased their production capacity recently.

A: You think that vendor will be able to satisfy our needs.

C: You hit the nail on the head. Let me call the plant manager.

Vocabulary

☐ in house　社内で
☐ production capacity　製造能力
☐ cancel the order　受注を放棄する
☐ an alternative plan　代わりの計画
☐ drastically increase one's production capacity　生産能力を大幅に拡張する

A: ビルからアップダイクの注文の要点をお聞きしていると思います。

C: はい、その問題はよく分かっています。

A: 先方の要件を満たさないと、今年の最高額の3000万ドルの注文を失うことになります。

C: その注文を失うべきでないということで、あなたに完全に同意します。

A: しかし、ビルはアップダイクの納期予定に必要とされる数を社内では製造できないと私に言いました。

C: 私は彼の立場を支持します。アップダイクの注文に応えるためのこれ以上の製造能力はわれわれにはありません。

A: この受注を放棄した方がいいと提案されているのですか？

C: その反対です。私には代わりの計画があります。

A: それが何なのかお聞きしてもよろしいでしょうか？

C: もちろんです。業者の中で、最近、大幅に生産能力を拡張したところが1社あります。

A: その業者がわれわれの要求を満たすことができるだろうとお考えなのですね。

C: その通りです。工場長に電話させてください。

(Ten minutes later)

A: What did the plant manager say?

C: The plant manager Tom Bayer by name, told me that he could produce 12,000 units according to the required schedule. They have been producing more than 20 parts for the past five years for us. We already have a special manufacturing contract with them.

A: That's splendid. What about the cost?

C: You won't believe this, but their cost is 15% lower than ours.

A: I can't believe my ears. Thank you ever so much for your help. Let me do the rest.

C: Here's Tom's cell number and e-mail address.

Vocabulary

☐ manufacturing contract　製造契約
☐ can't believe one's ears　聞いていることが信じられない、耳を疑う
☐ Let me do the rest.　後はお任せください。

(10分後)

A: 工場長は何と言っていましたか？

C: トム・ベイヤーという名の工場長は、要求されたスケジュール通り、1万2000個を製造できると私に言ってくれました。彼らは、われわれのためにこの5年間20種類の部品を製造してきました。彼らとの間にはすでに、特別な製造契約を結んでいます。

A: それは素晴らしいですね。コストはどうですか？

C: 信じられないかもしれませんが、彼らのコストはわれわれより15パーセント低いのです。

A: 自分の聞いていることが信じられません。お力添えを本当にありがとうございました。後は私に任せてください。

C: これがトムの携帯番号とメールアドレスです。

営業部長のスティーブン・ゴールドスタインが工場長のウィリアム・アダムスとアップダイク社からの今年最大の注文の生産について話し合っています。工場長は、現在受けている注文の生産だけで全生産ラインが6カ月間使えないと言います。すると営業部長は、４カ月後から出荷を始めないと、今年最高額の3000万ドルの注文を他社に奪われてしまうと脅しをかけます。しかし、工場長はできないものはできないと突き放します。それを聞いた営業部長は、工場長の上司である副社長に上申する escalate（上役に決定をゆだねる）ことを伝えます。工場長は、自分に異論はないのでどうぞ上申してくださいと言い、その代わり副社長には、自分からこの件の要旨を伝え、あなたから連絡が入ることを伝えておきますと、協力的な態度を取ります。

営業部長は副社長のジョー・マーフィーに会うと、このままでは注文を他社に奪われるかもしれないがそれでもあなたは構わないのかと詰め寄ります。副社長は社内では生産できないと答えるものの、生産能力を最近大幅に増強した業者を紹介してくれます。そして、その業者の工場長に電話を入れて状況を説明し、生産を引き受けてくれるという了承を得ます。しかも、生産コストが社内よりも15パーセントも低いというおまけつきです。

営業部長は、今後は自分が直接その会社の工場長と話を進めると副社長に言って一件落着します。営業部長が副社長に escalation したことによって問題が解決した例です。部門間だけで言い争っていてもらちが明かない場合に、上司に上申して解決をする良い方法が escalation です。日常の例としては、お店の店員との間で値下げ交渉をしていた客が業を煮やして、「それでは、店長を呼んでくれ」と言う行為と同じだと考えてください。

Congratulations on receiving such a big order.

そんなに大きな注文を受けておめでとうございます。

＊congratulations のように複数形で使われ、ほとんどの場合に on を伴う。

・Congratulations on your promotion.　ご昇進おめでとうございます。

・I'd like to congratulate you on a job well done.
良いお仕事をされたことにお祝い申し上げます。

I hate to say this　言いにくいのですが
　　＊似た表現で I hate to admit it がある。

whatever you say　何と言われても
　　＊whatever you do「何をしても」も併せて覚えておきたい。

on the contrary　それどころか

You hit the nail on the head.　その通りです。
　　＊イディオムで、くぎの頭をきちんと打ったことに例えている。

according to the required schedule　要求されたスケジュール通りに

エクササイズ 12

　次の日本文を英訳してください。　　　　　　　　　　　解答▶p.189

　1　そんなに大きな注文を受けておめでとうございます。

　2　言い換えさせてください。

　3　何と言われても、私たちはそうします。

　4　他に選択肢はありません。

　5　彼に電話して、この件の要点をかいつまんで説明します。

　6　われわれがその注文を失うべきでないということで、あなたに完全に同意します。

　7　それどころか、私には代わりの計画があります。

　8　そのとおりです。

　9　彼らのコストはわれわれよりも15パーセント低いですね。

　10　残りは私に任せてください。

■ **Mirroring**

Fund-raising Requests for Leukemia Patients

> **A** = Dianne Wood, Fund-raiser
> **B** = Natalie Johnson, Donor

A: Hello, this is Dianne Wood speaking. I'm calling you in regard to fund-raising activity for leukemia patients.

B: Hello, this is Natalie Johnson speaking. I fully understand the purpose of your call.

A: May I ask if you happen to have any relatives who are suffering from leukemia?

B: Yes, you may. Thank you for asking. I sure have a niece with leukemia. It costs her parents a fortune to pay for medicines and treatments.

A: I see, so you have a niece with leukemia.

B: That's right. How may I help you?

A: I would like to solicit you to donate money for helping patients with leukemia.

B: It's so sweet of you to do that. How much should I donate? Is there any limit to the amount of money I can donate?

Vocabulary ....

☐ fund-raiser　資金調達者
☐ donor　寄付者
☐ in regard to ～　～に関して
☐ leukemia patients　白血病患者
☐ the purpose of your call　あなたの電話の目的

■ 「正確な模倣」戦術

白血病患者への寄付のお願い

概説編 ▶ p.23

> **A** = 資金調達者、ダイアン・ウッド
> **B** = 寄付者、ナタリー・ジョンソン

A: もしもし、ダイアン・ウッドと申します。白血病患者のための資金調達活動をするためにお電話しております。

B: もしもし、ナタリー・ジョンソンです。あなたの電話の目的はよく分かりました。

A: ひょっとして白血病を患っている親戚の方がいらっしゃるかどうか、質問してもよろしいでしょうか？

B: はい、結構ですよ。聞いてくれてありがとう。確かに、私には白血病にかかっている姪がいます。薬代と治療代の支払いのために、両親は多大な出費をしています。

A: 分かりました。白血病にかかっている姪御さんがいらっしゃるのですね。

B: はい、その通りです。どのようにお手伝いすればいいですか？

A: 白血病患者を助けるために、寄付をお願いしたいと思います。

B: そんなことをなさって、あなたはとても優しいのですね。どのくらい寄付すればいいのですか？　寄付できる金額に制限はありますか？

□ May I ask if ~ ?　～かどうかをお尋ねしてもいいでしょうか？
□ cost someone a fortune to ~　（人が）～するには大金がかかる
□ solicit　懇願する、強く求める

A: Actually, you can donate any amount of money. For example, one dollar, or ten dollars.

B: May I ask the amount of an average donation?

A: Sure, you may. An average donation is $50. But some people even donate $1,000.

B: Wow, I will not be able to donate $1,000 since I'm living on my husband's pension.

A: I understand you're living on your husband's pension. Then how about $500?

B: That's a little too much for me, but I may be able to donate $300.

A: So, you're saying that you may be able to donate $300. Thank you so much for your generous donation.

B: You're very welcome. It was the least I could do. I'm quite happy to make a small contribution.

A: Thank you again for your donation. Three hundred dollars is not a small contribution.

Vocabulary

☐ actually　実際は
☐ since　〜なので　＊becauseもasも同じ意味で使われる。
☐ pension　年金
☐ generous　たくさんの、気前のよい
☐ It was the least I could do.　私のできる最低限のことでした。

A: 実際には、いくらでも寄付していただけます。例えば、1ドルとか、10ドルとか。

B: 平均的な寄付金はいくらか、お聞きしてもいいですか？

A: もちろん構いません。平均的な寄付は50ドルです。しかし、人によっては1000ドル寄付される方もいらっしゃいます。

B: わー、すごい、私は主人の年金で生活しているので、1000ドルも寄付することはできません。

A: ご主人の年金で生活されているのですね。それでは、500ドルではいかがですか？

B: それは私には少し高額過ぎますね。しかし、300ドルなら寄付できるかもしれません。

A: では、300ドルなら寄付できるかもしれないと言われているのですね。たくさん寄付していただきまして大変感謝いたします。

B: どういたしまして。私にできる最低限のことです。わずかな寄付ができてとても幸せです。

A: 寄付をいただいたことに再度感謝いたします。300ドルは少ない金額ではありません。

　この交渉はMirroringを使って行われます。交渉相手の言葉を繰り返すことによって相手の心をつかみ、自分のことを仲間だと思ってもらうようにして、有利に交渉を進めていきます。自分の意見を相手に押し付けてはいけません。相手が自分から話したいと思わせる呼び水的な表現が有効です。

　この会話は、ダイアンという資金調達者がナタリーという寄付者候補に電話をするところから始まります。白血病患者への寄付金集めが目的です。ダイアンがナタリーに親戚に白血病にかかっている人がいないかと尋ねます。するとナタリーは白血病を患っている姪がいると答えます。するとダイアンは、I see, so you have a niece with leukemia.と言って、ナタリーのその言葉を早速繰り返します。この繰り返しが、相手との関係をぐっと密接なものにします。次に寄付金の額に関する話に移ります。ダイアンが何ドルでも構わないと言うと、平均の寄付金額を尋ねられます。50ドルが平均だけれども、1000ドルの寄付をしてくれる人もいるとダイアンは答えます。すると、自分は主人の年金暮らしなので、あまり高額の寄付はできないとナタリーから答えが来ます。するとダイアンはまた、I understand you're living on your husband's pension.と言って、ナタリーの答えを繰り返します。

　それから、ダイアンが500ドルではどうですかと言うと、300ドルなら寄付できそうだとの答えをナタリーからもらいます。そしてダイアンは、So, you're saying that you may be able to donate $300.と、その言葉を繰り返して、寄付額の確認を行います。この寄付金額はなんと、平均の50ドルの6倍にもなりました。ダイアンはMirroringを上手に利用して見事に交渉を成功させました。

That's right. 　はい、その通りです。

　　＊That's it. や You're correct. も同じ意味。

How may I help you? 　どのようにお手伝いすればいいですか？

　　＊よく使われる似た表現は以下の通り。

　・ What can I do for you? 　私はあなたに何をすればいいですか？

- Is there anything I can help you?　何かお助けできることはありますか？

It's so sweet of you to do that.　あなたは、とてもやさしいのですね。

- It's kind of you to help me.
  あなたは、私を助けてくれてとても親切なのですね。

- It's foolish of you to do that.
  あなたは、そんなことをするなんてバカですね。

That's a little too much for me.　それは私には少し高額過ぎますね。
　＊似た表現は以下の通り。

- That's too little for me.　それは私には少な過ぎますね。

- That's not enough for me.　それは私には十分ではありません。

You're very welcome.　どういたしまして。
　＊You're quite welcome. / Not at all. / Don't mention it. も類似の表現。

Three hundred dollars is not a small contribution.
　300ドルは少ない金額ではありません。
　＊この文では three hundred dollars は、1つの金額の塊と考えているので、単数扱いされる。

エクササイズ 13

次の日本文を英訳してください。　　　　　　　　　　　　　解答▶p.189

1　電話調査の件でお電話しております。

2　ひょっとして新型コロナウイルスで陽性になった親戚の方がいらっしゃるかどうかお尋ねしてもよろしいでしょうか？

3　大きな山荘を所有することは、とてもお金がかかることでしょう。

4　白血病患者を助けるために寄付をお願いしております。

5　それをするあなたはとても優しいのですね。

6　寄付できる金額に制限はありますか？

7　私は主人の年金で生活しています。

8　それは私には少し高額過ぎますね。

9　私のできる最低限のことですよ。

10　300ドルは少ない金額ではありません。

■ **Time Pressure**

Advancing the Completion Date of the Bridge

> A = Mike Smith, Client
> B = Takashi Nomura, Construction Company President

A: Hi, Takashi, how are you today?

B: Pretty good. Thank you.

A: You were supposed to be here half an hour ago.

B: I'm sorry, but I was stuck in morning rush-hour traffic.

A: That's all right. Today, I would like to talk about the completion date for the bridge you're working on.

B: We're building it to the original schedule. We are scheduled to finish it in 18 months.

A: I have to ask you to advance the completion date by six months.

B: That's impossible. Why do you request it?

A: Our city decided to host a world jazz festival at the end of next year. City officials requested us to complete the bridge in time for the festival.

Vocabulary

☐ Pretty good.　結構いいですよ。＊ビジネスで使う場合にはCannot complain.も同じ意味。

☐ be stuck in ～　～で身動きが取れない、～に巻き込まれる

☐ completion date for　～の完成日

☐ to the original schedule　元々のスケジュール通りに

■「時間的制約」戦術

橋の終了日時を早める

概説編 ▶p.24

| **A** =クライアント、マイク・スミス
| **B** =建築会社社長、野村隆

A: こんにちは、隆。今日の調子はどうですか？

B: 結構いいですよ。ありがとう。

A: あなたは30分前にここにいるはずじゃなかったですか。

B: どうもすみません。朝のラッシュアワーの渋滞に巻き込まれてしまいました。

A: それはいいですよ。今日は、御社が現在建設中の橋の完成日についてお話しさせていただきます。

B: 元々のスケジュール通り建設していますよ。18カ月後に完成する予定です。

A: 完成日を6カ月間前倒しにしてほしいのです。

B: それは不可能ですよ。なぜそれを要求するのですか？

A: 私たちの町が、来年の末に、世界ジャズ・フェスティバルを主催することを決めたのです。市の職員がわれわれに、フェスティバルに間に合うように橋を完成させることを要求してきたのです。

□ advance the completion date by six months　完成日を6カ月間前倒しする
□ host a world jazz festival　世界ジャズ・フェスティバルを主催する
□ in time for the festival　フェスティバルに間に合うように

B: Thank you for explaining the reason for advancing the bridge completion date. In order to advance the completion date, we need to increase the number of workers and to buy construction materials at a premium. Are we supposed to be compensated for the additional expenditures?

A: That's a tough question to answer.

B: Why do you say so?

A: Because there is no way for us to get the money for you.

B: Are you saying that we have to cover the additional costs alone?

A: But please look at a positive side. You can recover the construction costs six months earlier than the original date.

B: Let me go back to office and talk among ourselves on what we can do and get back to you in a week.

A: I would like to make one thing clear. I cannot take no for an answer. It is imperative that you advance your completion date by six months.

Vocabulary

□ construction materials　建築資材
□ buy ~ at a premium　~を割増価格で購入する
□ be compensated for ~　~に対して補償される
□ additional expenditures　追加費用
□ That's a tough question to answer.　それはお答えしにくい質問ですね。

B: 橋の完成日を前倒しにする理由を説明してくださりありがとうございます。完成日を前倒しにするためには、作業員の数を増やし、建築資材を割増価格で購入しなければなりません。追加費用を補償していただけることになっていますか？

A: それはお答えしにくい質問ですね。

B: なぜそう言われるのですか？

A: なぜなら、御社のためにそのお金を得る方法がないのですよ。

B: 追加のコストは、われわれだけで賄わなければならないとおっしゃっているのですか？

A: しかし肯定的な面も見てください。元々の予定日より6カ月早く建築コストを回収できるのですよ。

B: オフィスに戻って何ができるか仲間と話をして、1週間後に返事をします。

A: 一つだけはっきりさせていただきます。できないというご返事は受け付けませんよ。あなたが完成日を6カ月前倒しするのは命令ですから。

□ recover the construction costs　建築コストを回収する
□ make one thing clear　一つだけはっきりさせる
□ cannot take no for an answer　できないという返事は受け付けない
□ imperative　必須の、避けられない

橋の建設を発注したマイク・スミスと、その建設を請け負った建設会社社長の野村隆との会話です。あと18カ月で橋が予定通り完成するところまで来たときに、I have to ask you to advance the completion date by six months.と言って、急に半年間前倒ししてほしいというリクエストをマイクが野村に対して行います。それに対して、作業員の増員と建設資材購入の追加費用を野村が要求します。しかし、建設の前倒しはジャズ・フェスティバルの開催に伴う、市の職員からの要求であり、追加予算が付くわけではないので追加の支払いをすることはできないとマイクは拒絶します。また、完成日の6カ月前倒しに関しても頑として譲りません。

それを受けた野村は、オフィスに帰って社内で検討し、その結果を1週間後に連絡すると答えます。最後にマイクは、I cannot take no for an answer. It is imperative that you advance your completion date by six months.と言って、できないという返事は受けつけない、これは命令だから受け入れろという強い態度で話し合いを終えます。発注元が建設会社よりも強い立場を利用して、時間的制約戦術を見事に成功させた例です。

キー表現

be supposed to ~　～をすることになっている、～をしなければならない

- You were supposed to be here half an hour ago.
  あなたは30分前にここにいるはずじゃなかったですか。

- You are not supposed to smoke in here.
  ここではたばこを吸ってはいけないことになっています。

- What's that supposed to mean?　それって、どういう意味ですか？
  ＊相手に対して怒りを表すときの次の決まり文句。
  ＊過去形を使うと実際にはそうではなかったことを意味する。

- I was supposed to call my boss last night.
  昨晩上司に電話することになっていました。

be scheduled to ~　～する予定になっている

- We are scheduled to finish it in 18 months.　18カ月後に完成する予定です。

- The meeting is scheduled to start at 1 pm.
  会議は午後1時に始まる予定になっています。

Are you saying that we have to cover the additional costs alone?

追加のコストは、われわれだけで支払わなければならないと言われているのですか？

　＊Are you saying ～？は、相手に対して怒りを表すときに使われる決まり文句。

It is imperative that ～　～以下は命令である、～はとても需要である

- It is imperative that you advance your completion date by six
  months.　あなたが完成日を6カ月前倒しにするのは命令です。

- It is imperative that working areas' safety is maintained.
  職場の安全が維持されることはとても重要である。

　＊類似表現としてIt is vital/essential that ～「～以下は必須である」、It is crucial that ～「～以下は重要である」がある。

- It is vital that all employees follow safety standards.
  全従業員が安全基準に従うことは必須である。

- It is essential that we make a profit on this product.
  この製品で利益を上げることは必須である。

エクササイズ 14

次の日本文を英訳してください。　　　　　　　　　　　　解答▶p.189

1　あなたは30分前にここにいるはずじゃなかったですか。

2　朝のラッシュアワー渋滞に巻き込まれてしまいました。

3　われわれは18カ月後に完成する予定です。

4　完成日を6カ月間前倒しにしてくれるようにあなたに頼まなければなりません。

5　市の職員がわれわれに、フェスティバルに間に合うように橋を完成させるように
　　要求してきたのです。

6　完成日を前倒しにするためには、作業員の数を増やす必要があります。

7　それはお答えしにくい質問ですね。

8　なぜなら、あなたのためにそのお金を得る方法がないのですよ。

9　追加のコストは、われわれだけで賄わなければならないと言われているのですか？

10　あなたが完成日を6カ月前倒しするのは命令ですから。

■ **Deadlines**

Setting the Schedule for Publishing a Calendar

A = Mary Sakamoto, Client
B = Patrick Park, Printer

A: Hi, Patrick. How are you today?

B: So so. Thank you.

A: Only so so? What's the matter?

B: I have so much work to do, but don't have enough time to handle it all.

A: You should be proud of yourself with so much work to do. Many people are jobless and don't have any work at all.

B: Thank you for the encouraging words.

A: I'm glad to cheer you up. Today, I would like to firm up the detailed schedules of key items for creating next year's calendar.

B: Certainly. We created five calendars altogether, and they were all bestselling calendars.

A: Thank you for all the help we got in producing them.

B: I have to thank you too.

Vocabulary

☐ deadline　締め切り
☐ printer　印刷業者
☐ So so.　まあまあです。
☐ be proud of oneself　自分を誇りに思う
☐ jobless　無職

■■■「締め切り」戦術

カレンダー作成の日程を決める

概説編 ▶ p.24

| **A** = 顧客、メアリー・坂本
| **B** = 印刷業者、パトリック・パーク

A: こんにちは、パトリック。今日の調子はどうですか？

B: まあまあですね。ありがとう。

A: えっ、まあまあなんですか？　どうかしたのですか？

B: 仕事はたくさんあるのですが、全部を処理する時間がないのですよ。

A: そんなに仕事があるのなら、誇りに思うべきですよ。多くの人は失業していて、仕事が全然ないのですから。

B: 励ましのお言葉をありがとうございます。

A: 元気づけられてよかったです。今日は、来年のカレンダーを作成する際の主要項目の詳細なスケジュールを確定したいと思います。

B: 承知しました。私たちは合計5種類のカレンダーを製作し、それらが全てベストセラーでした。

A: 製作する際に、いろいろと助けてくれてありがとう。

B: 私こそ感謝しなければなりません。

☐ Thank you for the encouraging words.　励ましの言葉をありがとうございます。
☐ cheer ~ up　～を元気づける
☐ firm up the detailed schedules of ~　～のスケジュールの詳細を固める
☐ key items　主要項目

A: Let's get down to business. The title of the calendar is Beautiful Japanese Scenery. The calendar consists of 13 pages, one page for the cover and the remaining 12 pages for 12 months. We need to set deadlines for key items.

B: I see. May I ask what those key items are?

A: Sure. The key items and their deadlines consist of candidate picture selection in January, paper selection in February, text creation in March, sample printing in May, and sample distribution to major bookstores in June. Orders are totaled in July, and production quantity printing is done in September. The calendars are delivered to major bookstores throughout the world in October and to principal bookstores in Japan in December. Do you have any questions or concerns?

B: Thank you for a rundown of the key items. I have several concerns on the deadlines.

A: What are they?

B: Depending on the quantity of the sample printing, the month of May may be too early, because we need three months for printing. May should be changed to June.

A: That's a good point. I'll change it accordingly. What else do you have?

Vocabulary

☐ the remaining ~ pages　残りの~ページ
☐ set deadlines for ~　~の締め切り日を決める
☐ candidate picture　候補になる写真
☐ text creation　本文の作成
☐ sample printing　見本の印刷

A: それでは仕事にかかりましょう。カレンダーの題名は美しい日本の風景です。カレンダーは13ページあります。1ページは表紙で、残りの12ページが12カ月用です。主要項目の締め切り日を決める必要があります。

B: 分かりました。これらの主要項目が何かお聞きしてもよろしいでしょうか？

A: もちろんです。主要項目と締め切りは、1月に候補になる写真の選択、2月に用紙の選択、3月に本文の作成、5月に見本の印刷、6月に主要書店への見本の配布となります。7月に注文の集計、9月に量産印刷。カレンダーは10月に世界の大手書店へ配送され、12月に日本の主要書店へ配送されます。何かご質問か心配事はありますか？

B: 主要項目の要約をしていただきましてありがとうございます。締め切りについていくつか心配な点があります。

A: 何でしょうか？

B: 見本印刷の数量にもよりますが、5月では早過ぎるかもしれません。なぜなら、印刷に3カ月かかるからです。5月は6月に変更すべきではないですか。

A: それはいいご指摘ですね。そのとおり変更します。他にも何かありますか？

□ order totaling　注文の集計
□ production quantity printing　量産印刷
□ rundown　要約
□ depending on ~　~によって、~に応じて
□ That's a good point.　それはいいご指摘ですね。

B: Then, order totaling in July should be changed to in August and production quantity printing to October. Delivery to major world bookstores should be changed from October to November, but in Japan it should remain as December.

A: Thank you for confirming them. I'll put the changes in writing and send an e-mail to you today.

B: Thank you in advance. I'll keep you informed of any changes that happen.

A: Be sure to keep all the deadlines; otherwise we'll be in the soup.

B: I'm well aware of the importance of keeping the schedule.

Vocabulary

□ Thank you in advance.　よろしくお願いします（前もってお礼をしておきます）。

B: それでは、7月の注文の集計は8月に、量産印刷を10月に変更した方がいいです。世界の主要な書店への配送を10月から11月に変更した方がいいですが、日本での配送は12月のままにしておくべきです。

A: ご確認ありがとうございます。変更点を書面にして、本日あなたにメールします。

B: よろしくお願いします。どんな変更でも逐次ご連絡します。

A: 締め切りは全て必ず守ってください、そうでないと私たちは困ったことになります。

B: 予定をきちんと守らなければならない重要性は十分に認識しております。

解説

　顧客のメアリーと印刷業者のパトリックが、あまり仕事とは関係のない雑談をした後で本題に入ります。この雑談はsmall talkと呼ばれ、アメリカではほとんどの仕事の話の前に行われるのが普通です。アメリカ人はビジネスライクであまり雑談はしないと思っている日本人がたくさんいますが、それは間違いです。これらの雑談をうまくこなせられるようになると、顧客との仕事の関係も良くなっていくものです。

　二人は、ある年の1月から12月までに行う必要のある、カレンダー制作の主要項目の日程の確認をしています。印刷業者のパトリックが、3月に本文を作成して5月に見本を印刷するのは早過ぎて無理だろうと意見を述べます。その理由は、見本の印刷には3カ月かかるからです。それを顧客のメアリーが承諾してスケジュールを変更すると伝えます。

　さらに、他の項目についてもその後の予定を1カ月ずつ延期し、日本の主要書店への配送だけは12月のままキープすることで、締切日の確認を行います。見本印刷の締切日を変更しないまま受けてしまうと、後でその締切日を守れなくなってしまったでしょう。このように、それぞれが締切日をきちんと確認することがこの交渉の肝になります。

　そして、I'll put the changes in writing and send an e-mail to you today. と、変更点を書面にして取り交わすことを伝えます。最終確認事項は書面で行わないと、後で言った言わないの不毛な議論をすることになってしまいます。最後に顧客のメアリーが、Be sure to keep all the deadlines; otherwise we'll be in the soup.と言って、締切日を守るよう、きつくくぎを刺します。

キー表現

get down to business　仕事に取り掛かる
・Let's get down to business.　それでは仕事に取り掛かりましょう。

put/get ~ in writing　～を文書化する、書面に残す
・I'll put the changes in writing and send an e-mail to you today.
変更を書面にして本日あなたにメールします。

・You should get their promises in writing.
あなたは彼らの約束を書面でもらうべきです。
＊in black and white も「書面で」を意味するイディオム。

146

keep someone informed of ～   ～に関する情報を誰かに提供し続ける

- I'll keep you informed of any changes that happen.
  どんな変更でも逐次ご連絡します。
  *keep someone posted of/on の形も使う。

- Please keep me posted of any new developments.
  何か進展がありましたら、ご連絡ください。

in the soup   困って、苦境に陥って

- Be sure to keep all the deadlines; otherwise we'll be in the soup.
  締め切りは全て必ず守ってください。そうでないと私たちは困ったことになります。

- The company will be in the soup if it loses money this quarter.
  その会社はこの4半期にもお金を失うことになれば、苦境に陥るでしょう。

be aware of ～   ～を承知している

- I'm well aware of the importance of keeping the schedule.
  予定をきちんと守らなければならない重要性は十分に認識しております。

- All employees should be aware of the business conduct guidelines and observe them.
  全従業員は就業規則を認識し、それを守らなければなりません。

エクササイズ 15

下の日本文を英訳してください。   解答▶p.190

1 どうかしたのですか？

2 詳細なスケジュールを確定したい。

3 仕事にかかりましょう。

4 主要項目の要約をしていただきましてありがとうございます。

5 それはいいご指摘ですね。

6 その通りに変更します。

7 変更点を書面にします。

8 どんな変更でも逐次ご連絡します。

9 締切日は間違いなく守ってください。そうでないと、私たちは困ったことになるでしょう。

10 予定をきちんと守らなければならない重要性は十分に認識しております。

■ **Flinch**

Discussing a Quote for Building a Japanese-style Garden

A = Nick Clark, Client
B = Don Murakami, Gardener

A: Hi, Don. Nice to see you again.

B: Hi, Nick. Same here.

A: Did you bring your quote on a Japanese-style garden?

B: Here you are.

A: Let me see. Oh, my goodness! What is this? Are you serious? The total amount comes to $300,000.

B: I believe it's a fair price.

A: Do you really think so? You quoted $100,000 each for a pebble covered promenade, cherry trees siding the promenade, and stone lanterns and stone architecture. I think this quote should be considerably trimmed.

B: Please give me one week to reconsider it.

A: I'm glad to hear you say so. I'll be looking forward to receiving a reasonable quote the next time around.

Vocabulary

☐ quote 見積り
☐ gardener 植木屋
☐ Japanese-style garden 日本庭園
☐ Here you are. はい、これです。
☐ pebble-covered promenade 小石を敷き詰めた遊歩道
☐ stone lantern 石灯籠

■「たじろぎ」戦術

日本式庭園を作成するための見積もりを話し合う

概説編 ▶ p.25

> A = クライアント、ニック・クラーク
> B = 植木屋、ドン・村上

A: こんにちは、ドン、またお会いできてうれしいです。

B: こんにちは、ニック、こちらこそ。

A: 日本庭園の見積もりを持ってきてくれましたか？

B: はい、これです。

A: ちょっと見せてください。ああびっくりした。これは何ですか？ 本気ですか？ 総額で30万ドルになりますね。

B: 公正な値段だと思いますよ。

A: 本当にそう思うのですか？ 小石を敷き詰めた遊歩道、遊歩道の両側の桜、石灯籠と石の建造物それぞれに10万ドルずつ見積もっていますね。この見積もりは、かなり減額されるべきだと思います。

B: 考え直すのに1週間、時間をください。

A: そう言っていただけるとうれしいです。次回は法外でない見積もりを受け取るのを楽しみにしています。

☐ considerably　かなり、大幅に
☐ trim　削減する
☐ reconsider　考え直す
☐ reasonable quote　公正な見積価格
☐ the next time around　次回は

(one week later)

B: Hi, Nick. How are you today?

A: Outstanding, thank you. How about you?

B: Just wonderful, thank you. I brought you a new quote. I trimmed the old quote as much as possible. As a result, I managed to reduce the price by $40,000 and the new price is $260,000.

A: That sounds more reasonable. Let me see. You quoted $80,000 each for the pebbled promenade; and for cherry trees, and $100,000 for stone lanterns and stone architecture. Can't you cut the last $100,000 from the price? Please come back with a new quote one week later.

B: OK, you win. I'll reduce the last price for stone lanterns and stone architecture by $10,000. Now the grand total comes to $250,000. What do you think?

A: That's wonderful. I'll settle with you at $250,000.

B: Thank you so much for giving us the order.

A: I cannot wait to see the beautiful Japanese garden.

B: Please wait until it is completed in three months.

Vocabulary

☐ reduce the price by ~　～だけ値引きする
☐ reasonable　妥当な、まあまあの
☐ grand total　総額、総計
☐ come to ~　（合計が）～になる
☐ settle with someone　（人と）話がつく

(1週間後)

B: こんにちは、ニック。今日はどんな具合ですか？

A: 素晴らしいです。ありがとう。あなたはどうですか？

B: まさに絶好調です。ありがとう。新しい見積りをお持ちしました。前の見積もりを可能な限り削減しました。結果として、なんとか4万ドル下げることができました。そして、新価格は26万ドルになります。

A: こちらの方が妥当に聞こえますね。見せてください。小石を敷き詰めた遊歩道と遊歩道の両側の桜を8万ドルずつ見積もって、石灯籠や石の建造物には10万ドル見積もったのですね。最後の10万ドルを削減できませんか？　1週間後に新しい見積もりを持ってきてください。

B: 分かりました。あなたの勝ちですね。石灯籠や石の建造物の値段を1万ドル引きましょう。それで、総額が25万ドルになります。どう思われますか？

A: それは素晴らしい。25万ドルで決定しましょう。

B: 注文をいただきましてありがとうございます。

A: きれいな日本庭園を見るのが待ち遠しいですね。

B: 3カ月後に完成するまで待ってください。

□cannot wait to ～　～するのが待ち遠しい

解説

　植木屋のドンとクライアントのニックが日本庭園の見積価格について話し合いをしています。その見積価格を見たニックは大げさにびっくりして、Oh, my goodness! What is this? Are you serious? と言います。これがflinch（「たじろぎ」戦術）です。そして、30万ドルの見積価格は大幅に下げるべきだと要求します。植木屋のドンは、クライアントのニックがとても怒っていると思い、再見積もりで26万ドルまで値下げします。

　その見積りを見たニックは、石灯籠と石の建造物の10万ドルは値下げされていないので、再度の見積り変更をリクエストします。すると、植木屋のドンがその場で10万ドルを9万ドルにし、合計で25万ドルに値下げします。ニックはThat's wonderful. I'll settle with you at $250,000. と言って合意します。そしてニックが発注して、この交渉が終了します。ニックが大げさに驚いたことに端を発し、そのflinchを使って交渉を成功に導いた例です。

キー表現

Same here　こちらこそ。
　　　＊この表現はいろいろな場面で使われる。

　・ "It was good to catch up with you." "Same here."
　　　「あなたと最新情報を交換できてよかったです」「こちらこそ」

　・ "I'll have a coffee." "Same here, please."
　　　「コーヒーをお願いします」「同じく、私も」

Oh, my goodness!　ああびっくりした。

Are you serious?　本気ですか？
　　　＊Do you really mean it? も同じ意味で使われる。

OK, you win.　わかりました。あなたの勝ちですね。

I'll settle with you at $250,000.　25万ドルで決定しましょう。

エクササイズ 16

次の日本文を英訳してください。

解答▶p.190

1　ああびっくりした。

2　本気ですか？

3　この見積もりは、かなり減額されるべきだと思います。

4　次回は、法外でない見積もりを受け取るのを楽しみにしています。

5　前の見積もりを可能な限り削減しました。

6　最後の10万ドルを減額できませんか？

7　分かりました。あなたの勝ちですね。

8　25万ドルで決定しましょう。

9　きれいな日本庭園を見るのが待ち遠しいですね。

10　注文をいただきましてありがとうございます。

■ **Haggling**

Reducing a Unit Price for a Large PC Order

A = William Jameson, Buyer
B = Robert Greenberg, Seller

A: Hi, Bob. How is business?

B: Not bad, not bad at all. How is business going, Bill?

A: Great. Thanks for asking.

B: Today, let me offer you a particularly good deal on our EZNote PCs.

A: What kind of deal is it?

B: For a limited time, we can offer you a 50% discount. Its regular retail price is $1,000. So you can buy it at half price.

A: How long will the window of opportunity be open for?

B: The discount is good until the end of this month. As today is the fifth of December, the discount lasts for another 26 days.

A: I see. How much more discount do you offer if we buy 300 units?

B: In that case, we will be able to offer another 100-dollar discount. So your price is $400 per unit.

Vocabulary

□ haggling　値切り
□ for a limited time　期間限定で
□ regular retail price　通常の小売価格
□ at half price　半額で
□ a window of opportunity　またとない好機、千載一遇のチャンス

■「値切り」戦術

大量注文のPC単価の値切り

概説編 ▶ p.26

> A=買い手、ウィリアム・ジェイムソン
> B=売り手、ロバート・グリーンバーグ

A: こんにちは、ボブ。ビジネスはどんな具合ですか？

B: 悪くないですよ、全然悪くないです。ビジネスはどうですか、ビル？

A: かなりいいですよ。聞いてくれてありがとう。

B: 今日は、わが社のEZNote PCに関してとても良いお取引をご提供したいと思います。

A: どんな取引ですか？

B: 期間限定で、50パーセント割引が可能です。通常の小売価格は1000ドルです。つまりそれを、半額でご購入いただけます。

A: その機会はどのくらいの期間ですか？

B: 割引は今月末まで有効です。今日が12月5日ですから、割引はあと26日間続きます。

A: 分かりました。もし300台購入すると、さらにどのくらい割引してくれますか？

B: その場合には、あと100ドル値引きさせていただきます。そうすると、お値段は1台当たり400ドルになります。

□ good　有効な
□ more discount　さらなる値引き
□ in that case　その場合には

A: Is that your best price?

B: Yes, it is, unless you buy in larger quantity.

A: In that case we may be able to purchase 500 units.

B: For that quantity, we can offer another 100-dollar discount. The new unit price will be 300 dollars.

A: That is still higher than what we can pay. Let me offer you another concession. If we buy 1,000 units, what will your best unit price be?

B: Thank you for your generous quantity offer. We can give you another 100-dollar discount. Our new price is 200 dollars each.

A: That's still twice as high as we can afford. How about giving us a 100-dollar unit price?

B: We can hardly make a profit at that price. Our counteroffer is 150 dollars per unit.

A: Thank you for responding to our request. We'll buy 1,000 units at $150 each. I have to ask several conditions.

B: May I ask what they are?

Vocabulary

☐ offer a concession　譲歩案を提示する
☐ unit price　単価
☐ make a profit　利益を得る

A: それがベストの値段ですか？

B: はいそうです。さらに大量にご購入していただく場合は別ですが。

A: そうであれば、500台購入できるかもしれません。

B: その数量であれば、さらに100ドル値引きすることができます。新しい単価は300ドルになります。

A: それでもまだ、われわれが支払える金額より高いです。別の譲歩案を出させてください。もし1000台購入した場合には、ベストの単価はいくらになりますか？

B: 大量にご提案いただきまして、ありがとうございます。さらに100ドル値引きさせていただきます。新しい単価は200ドルです。

A: それでもまだわれわれが支払える2倍の高値です。単価100ドルではどうですか？

B: その値段だとほとんど利益が出ません。われわれの対案は、1台150ドルです。

A: われわれの要求にお応えいただきまして、ありがとうございます。1台150ドルで1000台購入することにします。しかし、いくつか条件をお願いしなければなりません。

B: どのようなものかお尋ねしてもよろしいですか？

....

☐ counteroffer 対案

A: Of course. Since we will buy 1,000 units for our employees, we will need a quick turnaround on repairs to the PCs. In addition, we are requesting a retention period of seven years for spare parts.

B: I understand what you are driving at. Let us discuss it among ourselves.

A: Thank you for your positive reply. I have one last request. We need to exchange a time and materials contract on repairs. Otherwise, we don't have any control over the repair costs. We are afraid that the regular repair costs might become enormous.

B: I understand what you are thinking. Let me prepare a draft of the contract and e-mail it in two weeks.

A: That's wonderful. I look forward to receiving your quote for 1,000 units and a contract draft on repairs.

Vocabulary ⋯⋯⋯⋯⋯⋯⋯⋯⋯⋯⋯⋯⋯⋯⋯⋯⋯⋯⋯⋯⋯⋯⋯⋯⋯⋯⋯⋯⋯⋯⋯⋯⋯

☐ turnaround　所要時間
☐ repairs to ~　~の修理
☐ retention period　保管期間
☐ a time and materials contract　タイム・アンド・マテリアル契約（作業時間と資材の実費払い契約）

A: もちろんです。社員のために1000台のパソコンを購入するわけですから、修理の所要時間を短くしていただく必要があります。それに加えて、予備の部品の保管期間は7年間でお願いします。

B: おっしゃりたいことは分かりました。われわれの間で相談させていただきます。

A: 前向きなご返事をありがとうございます。最後のお願いがあります。修理に関して、タイム・アンド・マテリアル契約を結ぶ必要があります。そうでないと、修理代金の管理ができなくなってしまうからです。普通の修理代金だと膨大になってしまうのを恐れています。

B: お考えは分かりました。契約書の草案を作成し、2週間後にメールさせていただきます。

A: それは素晴らしい。1000台の見積もりと、修理に関する契約書の草案をお待ちしております。

□ control over the repair costs　修理代金の管理
□ become enormous　膨大になる

　買い手のウィリアム (ビル) が売り手のロバート (ボブ) とEZNoteという名前のパソコンの交渉を行っています。通常の値段は1000ドルですが、それを期間限定で500ドルで提供すると売り手が伝えます。それに対して買い手が、How much more discount do you offer if we buy 300 units?と、300台購入するならさらにいくら値引きしてくれるかと尋ねると、100ドル引きの400ドルにしてくれます。さらに買い手が、In that case we may be able to purchase 500 units.と、それなら500台購入できるかもしれないと言うと、300ドルの単価が提供されました。

　続いて買い手が1000台購入した場合の単価を尋ねると、200ドルとの返事を得ます。それでもまだ2倍も高いと伝え、売り手に対して100ドルの単価を要求します。100ドルではほとんど利益が出ないので150ドルではどうかと売り手が伝えると、買い手はその値段での購入を約束します。その後に7年間の予備部品の保管や、修理代の実費支払い契約などを約束して、交渉が終了します。

　この商談での大切なポイントは、値下げ要求をする際に購入数量を示しているところです。これは、自分たちも譲歩しているのだから、あなたも譲歩してほしいというプレッシャーを与えているわけです。元の定価の1000ドルを、交渉を続けて100ドルまで下げてほしいと買い手が言い、それではもう利益が出ないと売り手が音を上げます。ここまで値引きさせれば、買い手側は大成功と言えます。

How is business?　ビジネスはどんな具合ですか？

Not bad, not bad at all.　悪くないですよ、全然悪くないです。

How is business going?　ビジネスはどうですか？

　　＊How is business? や How is business going? と尋ねられたときには、相手は
　　悪い答えは聞きたくないので、We're hardly making ends meet. (やっと利益が出
　　るか出ないか、かつかつです) やTerrible. (ひどいものですよ) などと答えてはいけな
　　い。 Great. や Excellent. などと答えるべき。また、I'm having my best year
　　ever. (今年は今までの年で最高です) のようなあまりに良い返事も相手は嫌がる。

Is that your best price?　それがベストの値段ですか？
　＊Is this your last price?（これが最終値段ですか）も併せて覚えておきたい。

I understand what you are driving at.　おっしゃることは分かりました。

prepare a draft of the contract　契約書の草案を作成する
　＊draftは動詞として、「草稿を作る」の意味でも使われる。

・Please draft a reply e-mail for this question.
　この質問に対する返事メールの草稿を作成してください。

・Why don't you draft a letter on this subject?
　この件に関する手紙の草稿を書いたらどうですか？

エクササイズ 17

次の日本文を英訳してください。　　　　　　　　　　　解答▶p.190

1　ビジネスはどんな具合ですか？
2　期間限定で、50パーセント割引きが可能です。
3　その機会はどのくらいの期間ですか？
4　割引は今月末まで有効です。
5　それがベストの値段ですか？
6　それでもまだ、われわれが支払える金額より高いです。
7　その値段だと、ほとんど利益が出ません。
8　われわれの要求にお応えいただきまして、ありがとうございます。
9　修理に関して、かかった時間と資材の実費払いの契約を結ぶ必要があります。
10　契約書の草案を作成し、2週間後にメールさせていただきます。

■ **Win-Win**

Offering a Deep Discount a Product

A = Dick Davidson, Plant Manager
B = John Kelly, Buyer

A: Thank you for taking time out of your busy schedule to visit our plant.

B: Not at all. I'm very happy to be at your service. What can I do for you?

A: Today, I would like to talk about a special offer on our current product number Z12.

B: We've been using it for the past three years. It's one of your best products.

A: As a matter of fact, we have a surplus of 5,000 units.

B: I see. What are you going to do with that surplus?

A: That's the subject of our talk today. As you might well know, we are developing a follow-on product, and we need to clear our current inventory of Z12.

B: I understand your situation.

A: We would like to offer Z12 at eight dollars apiece. Its regular price is ten dollars apiece. So you can get a 20% discount.

Vocabulary

☐ win-win　ウィン・ウィン
☐ plant manager　工場長
☐ out of your busy schedule　忙しいスケジュールの中から
☐ I'm very happy to be at your service.　お役に立ててとてもうれしいです。
☐ the subject of our talk today　本日の話し合いのテーマ

■「ウィン・ウィン」戦術

製品の大幅ディスカウントを提供する

概説編 ▶ p.27

A = 工場長、ディック・デイビッドソン
B = 買い手、ジョン・ケリー

A: お忙しいところ、われわれの工場までご足労くださいましてありがとうございます。

B: 全然問題ないですよ。お役に立てれば大変うれしいです。何をすればよろしいでしょうか？

A: 今日は、現在のわれわれの製品Z12を特別提供することについて話し合いたいと思います。

B: われわれはその部品をこの3年間使っていますよ。御社の最高の製品の一つですね。

A: 実を言うと、5000個の余剰品があります。

B: 分かりました。その余剰品をどうされるつもりですか？

A: それが本日の話し合いのテーマです。よくご存じだと思いますが、後続の製品を開発中です。それで、現在のZ12の在庫を整理する必要があります。

B: 状況は理解できました。

A: Z12を1個8ドルで提供したいと思います。通常の価格は1個10ドルです。従って、20パーセントの値引きとなります。

□ as you might well know　よくご存じだと思いますが
□ a follow-on product　後続の製品
□ clear our current inventory　現在の在庫を整理する/一掃する
□ apiece　1個当たり ＊perやaも使われる。

B: But we only use 3,000 units a year. We will have to stock the remaining 2,000 units in our warehouse for about two years. Could you give us a further discount on the unit price? How about six dollars apiece?

A: We can hardly make any profit from that unit price.

B: Then how about seven dollars apiece? I assume you can make a decent profit with that unit price.

A: Thank you for your kind consideration of our needs. I need to talk with our people about your proposal. Please give me fifteen minutes.

B: I'll wait here.

A: Thank you. I'll move to another room and chat with my people. I'll be back in 15 minutes.

(Dick comes back fifteen minutes later, smiling.)

B: Welcome back. May I ask the result of your talk?

A: Congratulations! We all agreed to offer the whole 5,000 units at seven dollars apiece, but we have one condition.

B: What's that?

A: We need the entire payment within one month after delivery.

Vocabulary ....

☐ remaining　残りの
☐ warehouse　倉庫
☐ make a decent profit　まあまあの利益が出る　＊decentは「まあまあ」を表す形容詞。
☐ I'll be back in 15 minutes.　15分後に戻ります。＊このinは「以内」の意味ではなく「〜後」
　の意味で、I'll be back 15 minutes later. でも同じ意味。「以内」を意味したい場合にはwithin
　を使う。

B: しかし、私たちは年に3000個しか使わないので、残りの2000個を約2年間倉庫に保管しておかなければなりません。単価をもっと下げていただけませんか？ 1個6ドルではいかがですか？

A: その単価だと、ほとんど利益を上げることができません。

B: それでは、1個7ドルではどうですか？この単価だと、まあまあの利益が出るのではありませんか？

A: 私たちの要求をご配慮くださりありがとうございます。ご提案に関して、当社の人間と話さなければなりません。15分間お時間をください。

B: ここでお待ちします。

A: ありがとうございます。別の部屋に移って、当社の者と話してきます。15分後に戻ります。

 (ディックが笑いながら15分後に戻ってくる)

B: お帰りなさい。話し合いの結果をお聞きできますか？

A: おめでとうございます。5000個全てを1個7ドルでご提供することに全員が合意しました。ただ、ひとつ条件があります。

B: 何ですか？

A: 出荷後1カ月以内に全額の支払いをお願いします。

□ Welcome back.　お帰りなさい。

B: Our standard payment term is two months after receipt of products. How about a month and a half instead?

A: I think we can live with that.

B: That's a deal. Let me confirm what we've agreed to today. You'll sell 5,000 units of Z12 for seven dollars apiece with payment due after a month and a half or 45 days after shipment.

A: That's exactly right. Thank you very much for your time. We hope both of us are satisfied with the result of the talk today.

B: We're very much satisfied with this talk.

A: We'll e-mail you the minutes of the meeting today.

B: We'll issue our order for 5,000 units at seven dollars apiece.

A: We'll e-mail you our quotation tomorrow.

B: Then we'll issue our order sheet three days after receipt of your new quotation.

A: Thank you very much for helping us clear the current inventory.

B: It's a pleasure to be of service to your company.

Vocabulary

☐ standard payment term 標準の支払い条件
☐ after receipt of products 品物の受け取り後
☐ We can live with that. それなら受けられます。＊live withは「妥協する」という意味。
☐ new quotation 新しい見積もり

B: われわれの標準の支払条件は、品物の受け取り後2カ月です。1カ月半ではいかがでしょうか？

A: それなら受けられると思いますよ。

B: それでは、決まりですね。今日合意したことを確認させてください。Z12を単価7ドルで5000個、出荷後1カ月半または45日の支払期日を条件に販売していただける。

A: その通りです。お時間を取っていただきましてありがとうございます。本日の話し合いの結果に関しては、お互いに満足できたことを望みます。

B: わが社はこの話し合いの結果にはとても満足しています。

A: 本日、議事録をメールします。

B: 1個7ドルで5000個の注文を出します。

A: 明日、われわれの見積もりをメールします。

B: それでは、新しい見積もりの受領3日後に発注します。

A: わが社の現在の在庫処分をお助けいただきまして、大変ありがとうございます。

B: 御社のお役に立てて光栄です。

解説

　工場長のディック・デイビッドソンとバイヤーのジョン・ケリーとの交渉です。バイヤーのジョンが工場長のディックを訪ねていくと、Z12という部品の剰余品が5000個あって10ドルの単価を2ドル値引くので買ってくれないか、という相談を受けました。そこで、バイヤーのジョンは、年に3000個しか使わないので残りの2000個を倉庫に保管しなければならないと言って、さらなる値引きをリクエストします。ジョンが1個6ドルではどうかと言うと、ディックはその値段だとほとんど利益が出ないと答えます。するとジョンが、Then how about seven dollars apiece?と言って配慮を見せます。

　工場長のディックは自社の社員としばらく相談してから、7ドルの単価での販売を受け入れました。ここでディックは、支払期限について出荷後1カ月以内に全額支払ってほしいという条件を付けます。しかしバイヤーのジョンは、通常は2カ月なので1カ月半はどうかと対案を示し、それで合意します。剰余品を販売できた工場長と、30パーセント引きで購入できた買い手の両者とも満足して交渉が成立した、典型的なWin-Winの交渉例です。

キー表現

at one's service　～の命令に喜んで従って
　　＊誰かに使ってもらうために準備ができていること。

　• I'm happy to be at your service.　役に立てれば幸いです。

as a matter of fact　実を言うと
　　＊as a matter of fact は何かについて話した後でその詳細情報を伝えたり強調したりするときに使われる。

　• As a matter of fact, we have a surplus of 5,000 units.
　　本当のところ、5000個の剰余品があります。

　• It's not that difficult. As a matter of fact, it's quite easy.
　　それはそんなに難しくはありません。本当のところ、とても易しいです。

　• As a matter of fact, he said nothing at the meeting.
　　本当のところ、彼はその会議で何も言いませんでした。

do with ~   ～を処置する、（何かに）関係する

- What are you going to do with that surplus?
  その余剰品をどうされるつもりですか？

- What did you do with my cell phone?   私の携帯はどうしましたか？
  ＊anythingやnothingと共に使われることもよくある。

- Do you have anything to do with this project?
  あなたはこのプロジェクトに何か関係しているのですか？

- I have nothing to do with it. / I don't have anything to do with it.
  私は全く関係していません。

- Could you give us a further discount on the unit price?
  単価をもっと下げていただけませんか？
  ＊Could you further reduce the unit price? でも同じ意味。

- We can hardly make any profit from that unit price.
  その単価だと、ほとんど利益をあげることができません。
  ＊hardlyは、scarcelyやbarelyと同じ意味で、「ほとんど～でない/しない」のように
   否定的な意味で使われる。

- I can hardly believe my eyes.
  私は自分の見ているものがほとんど信じられません。

- We hardly know anything about it.
  私たちはほとんどそのことについては何も知りません。

That's a deal.   それでは、決まりですね。
  ＊You got a deal. も同じ意味。

let someone confirm   ～に確認させる

- Let me confirm what we've agreed to today.
  今日合意したことを確認させてください。

- Let me confirm what we've agreed to so far.
  今まで合意したことを確認させてくさい。

minutes of meeting   議事録
  ＊the minutesだけでも、「議事録」を意味する。

次の日本文を英訳してください。 解答▶p.190

1 お役に立てれば、とてもうれしいです。

2 本当のところ、5000個の余剰品があります。

3 その余剰品をどうされるつもりですか？

4 標準の単価は1個10ドルです。

5 単価をもっと下げていただけませんか？

6 われわれの標準の支払い条件は、品物の受け取り後2カ月です。

7 それなら、受けられると思いますよ。

8 それでは、決まりですね。

9 本日、議事録をメールします。

10 御社のお役に立つことはわれわれの喜びでもあります。

NEGOTIATION TECHNIQUES

付　録

よく使われる交渉関連の
200フレーズ

ここで紹介する約200の文・フレーズを繰り返し練習することにより、交渉をスムースに進めることができるようになります。日本語を直訳しても正確な英語にはならないので、必ずこれらのフレーズを使うようにしてください。著者が数十年間の交渉経験から集めたフレーズです。

　同じ項目では下に行くほど丁寧な表現です。別の考え方としては、単語数の多い方が少ないものよりもより丁寧だと言えます。

● 値引きを要求する

Can you come down in price?　値段を下げられませんか？

Could you discount it?　値引きできませんか？

Is there any room for a discount?　値引きの余地はありますか？

How much can you discount?　どのくらい値引きできますか？

We need a further price reduction.　さらに値引きが必要です。

We must request a 10% discount.
10パーセントの値引きを要請しなければなりません。

● 値引きに応じる

We will discount 10%.　10パーセント値引きしましょう。

We will give you a 15% discount.　15パーセント値引きしましょう。

We can reduce the price up to 20%.　20パーセントまでなら値引きできます。

How much discount do you need?　どのくらいの値引きが必要ですか？

● 質問する

I have a question for you.　あなたに1つ質問があります。＊to youではないので注意。

I have two questions for you.　あなたに2つ質問があります。

May I ask you a question?　1つ質問してもよろしいですか？

May I ask you a sensitive question?　繊細な質問をしてもよろしいですか？

● 目的を尋ねる

What is the purpose of this meeting?
この会議の目的は何ですか？

The purpose of this meeting is to negotiate T's and C's.
この会議の目的はT'sとC's（規約と条件）を交渉することです。＊T's and C'sはterms and conditionsの略。

May I ask why we are meeting today?
われわれがなぜ今日会議しているのか、お尋ねしてもよろしいでしょうか？

Please explain the purpose of the meeting in detail.
この会議の目的の詳細を説明してください。

● 聞き返す

Pardon?　何と言いましたか？

How's that again?　何と言いましたか？

Pardon me?　何と言われましたか？

Please say that again.　もう一度言ってください。

I beg your pardon.　もう一度お願いします。

Would you repeat it?　もう一度言っていただけませんか？

● 説明してもらう

We need a further explanation on that.
その件についてさらなる説明が必要です。

We need a brief explanation on that.
その件について短い説明が必要です。

Would you explain it to us?　それをわれわれに説明していただけますか？

Would you brief it?　それを要約していただけますか？

● 提案する

I have a proposal.　1つ提案があります。

Let me offer you a proposal.　1つ提案させてください。

I would like to propose a new project.
新しいプロジェクトを提案したいと思います。

● 対案を出す

I have a counterproposal.　私には対案があります。

I have a counteroffer.　私には対案があります。

Let me offer you a counterproposal.　対案を出させていただきます。

● 同意する

I agree.　同意します。

I'm sold.　同意します。

I agree with you.　あなたに同意します。

I agree with you a 100%.　あなたに100パーセント同意します。

I couldn't agree with you more.　これ以上ないくらい、あなたに同意します。

I have the same opinion.　同意見です。

● 感謝する

Thank you.　ありがとう。

Thank you very much.　ありがとうございます。

Thank you for your help.　助けていただきありがとうございます。

I'm much obliged.　とても感謝いたします。

I thank you from the bottom of my heart.　心の底から感謝いたします。

I'm deeply grateful to you for your help.
お助けいただいたことにとても感謝しております。

I very much appreciate what you have done for me.
私にしていただいたことに心から感謝しております。

I would like to express my gratitude.
感謝の気持ちを述べさせていただきます。

I would like to express my deepest appreciation to all of you for all the work you've done.
全ての仕事をしていただいた皆さま全員に心からの感謝を申し上げたいと思います。

● 助ける

Let me help you.　お手伝いさせてください。

I'll help you.　お手伝いしましょう。

May I help you?　お手伝いしましょうか？

What can I do for you?　あなたのために何かいたしましょうか？

How may I help you?　どのようにお手伝いしましょうか？

I wonder if I could help you.　お手伝いできますでしょうか。

● 助けを求める

Please help me.　お助けください。

Please help me understand this sentence.
この文の意味を教えてください。

I need your help.　あなたの助けが必要です。

I would like to ask you a favor.
お願いしたいことがあるのですが。＊favorは無償のサービスのこと。

Would you do me a favor?　お世話していただけませんでしょうか？

Would you mind helping me copy this document?
この書類のコピーを取るのを手伝っていただいても構いませんでしょうか？

I wonder if you would help me.　お手伝いいただけますでしょうか。

● 反対する

I disagree.　反対します。

I disagree with you.　あなたに反対します。

I don't agree with you. あなたと同意できません。

I don't think so. 私はそうは思いません。

I have a different opinion. 私は違った意見を持っています。

I'm afraid I'm strongly against your opinion.
残念ながら、あなたのご意見には強く反対します。

Are you against my proposal? 私の提案に反対なのですか？

Do you have any objections? 何か異議はありますか？

● 譲歩する

I'll make a concession. 譲歩しましょう。

Let me offer you a concession. 譲歩を提案させてください。

I'll meet you halfway. 中間点で妥協しましょう。

Alright, I'll let you have that point.
分かりました、その点についてはあなたに譲歩しましょう。

I'll make a great concession. 大いに譲歩しましょう。

I'll make concessions to accommodate your way of thinking.
あなたの考え方を受け入れるために、譲歩しましょう。

I will compromise with you. あなたに譲歩しましょう。

I will compromise with you on that point.
その点については、あなたに譲歩しましょう。

● 譲歩を求める

I request a compromise. 譲歩をお願いします。

I would like to request a concession. 譲歩をお願いしたいと思います。

I would like to ask you to meet me halfway.
中間点で妥協していただけるようにお願いします。

Why do you press so hard for concessions?
なぜそんなに厳しく譲歩を迫るのですか？

176

Are you trying to extract a concession from me?
私から譲歩を取り付けようとしているのですか？

● 断る

I deny your request.　あなたのご依頼を拒絶します。

I reject your request.　あなたのご依頼を拒否します。

I turn down your request.　あなたのご依頼をお断りします。

I decline the offer.　お申し出をお断りします。

I decline the order.　ご注文をお断りします。

I'm afraid I have to decline your invitation to the meeting.
申し訳ありませんが、会議への招待をお断りしなければなりません。

It's a pity that I have to turn down your offer.
お申し出をお断りしなければならないのは残念です。

● 怒る

I got upset.　私は怒っています。

I really got upset.　私は本当に怒っています。

I'm angry.　私は怒っています。

I'm very angry.　私はとても怒っています。

I'm disgusted with you.　あなたにはうんざりしています。

What are you angry about?　あなたは何に対して怒っているのですか？

May I ask what has upset you?
何があなたを怒らせているか、伺ってもよろしいですか？

● 信じる

I believe you.　あなたを信じています。

I believe in you.　あなたの正当性を信じています。　＊believe in は、ある人がこれか
ら取る行動まで信用する事を意味する。

I trust you.　あなたを信頼しています。

I have confidence in you.　あなたを信頼しています。

● 信じない

I don't believe you.　あなたが信じられません。

I can't believe you.　あなたを信じることができません。

I can't trust you.　あなたを信頼することができません。

I can't believe what you're talking about.
あなたが言っていることを信じることができません。

I can't trust your story.　あなたの話を信用できません。

You must be joking.　あなたは冗談を言っているのですよね。

That's unbelievable.　それは信じられません。

It's incredible.　それは信じられません。

● 論理的に進める

Let's proceed logically.　論理的に進めましょう。

Let me explain it logically.　論理的に説明させていただきます。

Logically speaking, it's not wrong.
論理的に言うと、それは間違っていません。

● 感情的にならない

Let's not get emotional.　感情的になるのはやめましょう。

Let's stay calm.　冷静でいましょう。

● 交渉を中断する

Let's stop this negotiation.　この交渉は中断しましょう。

Let's stop negotiating.　交渉を中断しましょう。

Let's suspend this meeting for a while.
この会議はしばらくの間中断しましょう。

● 邪魔をする

I hate to bother you.　ご迷惑をおかけするのを申し訳なく思います。

I'm sorry to interrupt you.　お話し中、お邪魔して申し訳ありません。

May I interrupt you?　お話し中、お邪魔してもよろしいでしょうか？

● チャートを見せる

Let me show you a chart.　1枚のチャートをお見せします。

Let me move to the next chart.　次のチャートに移らせていただきます。

Please take a look at this slide.　このスライドをご覧ください。

● 休憩を取る

Let's take five.　5分間休憩しましょう。

Let's take a ten-minute break.　10分間の休憩を取りましょう。

Let's take a coffee break.　コーヒーブレークを取りましょう。

How about taking a fifteen-minute break now?
15分間の休憩を取りませんか？

● 仕事をやめる

Let's call it a day.　今日はここで終わりにしましょう。

Let's call it a night.　今晩はここで終わりにしましょう。

Let's finish here.　ここで終わりにしましょう。

Let's end now.　ここで終わりにしましょう。

Let's finish our negotiation for today.
今日のところは、交渉を終わりにしましょう。

● 最新情報を伝える

Please keep me informed of the latest development.
最新の進展について、私にずっと連絡してください。

Please keep me posted on the latest status.
最新の状況に関して、私にずっと連絡してください。

Please bring me up to speed on what's happened.
何が起きたかについて最新情報を私にください。

Please let me know all the pending issues.
全ての保留になっている問題点を私に教えてください。

I'll keep you up to date.
あなたに最新情報を差し上げましょう。

All members should be kept informed of the latest negotiation status.
メンバー全員が最新の交渉状況を知らされるべきです。

What's the latest status of the negotiation?
交渉の最新状況は何ですか？

● 弁解する

Let me explain my stance.　私の立場を説明させてください。

I would like to make an excuse.　弁明をさせていただきたいと思います。

Please let me explain my position.　どうか私の立場を説明させてください。

I would appreciate it very much if you would listen to my explanation.
私の説明をお聞きいただけると、とてもありがたく存じます。

● 謝る

I am sorry.　どうもすみません。

I am terribly sorry.　大変申し訳ありません。

I am very sorry for my remarks.
自分の発言に対して、大変申し訳なく思います。

Please accept my apology.　謝罪を受け入れてください。

Let me apologize for what I just said.　たった今言ったことに関して謝ります。

● 再検討を示唆する

I suggest that you reconsider it.
それを再検討していただけるように提案いたします。

Please reconsider my suggestion.　私の提案を再検討してください。

Are you suggesting that I should reconsider?
再検討すべきだと提案しているのですか？

● 要約する

Please sum up our discussion.　われわれの討論を要約してください。

Please summarize what we have talked about so far.
今まで話してきたことについて要約してください。

In short, we have agreed so far.
要約すると、ここまでは同意しました。

● 合意を導く

Let's mutually agree.　お互いに同意しましょう。

Let's come to an agreement.　同意しましょう。

Let's reach an accord.　同意しましょう。

● 合意事項を確認する

Please confirm our agreement.　合意したことを確認してください。

Let me confirm what we have agreed to so far.
今までに合意したことを確認させてください。

● 議事録を取る

Please take the minutes.　議事録を取ってください。

Please e-mail the minutes of the meeting.　議事録をメールしてください。

I'll take the minutes and e-mail it to all the attendees.
私が議事録を取って、全参加者にメールします。

Would you take the minutes and send them by e-mail?
議事録を取って、メールで送っていただけますか？

● 会議を決める

Please set up the meeting.　会議を設定してください。

I'll set up the meeting for tomorrow.　私が明日の会議を設定しましょう。

Please reserve a conference room from 3 p.m. to 5 p.m. tomorrow.
明日の午後3時から5時まで、会議室を予約してください。

● 会議に出席する

I'll attend the meeting.　その会議に出席します。

I'll attend the first half of the meeting.　会議の前半だけ参加します。

I'll attend the last half of the meeting.　会議の後半だけ参加します。

All of us except you will attend the meeting.
あなた以外のわれわれ全員が、会議に出席します。

A total of ten people will attend the meeting.
合計10名が会議に出席します。

Would you attend the meeting for me?
私の代わりに会議に出席していただけますか？

● 会議を延期する

Please postpone the meeting until tomorrow.
会議を明日まで延期してください。

Please have the meeting postponed.　会議を延期してください。

I postponed the meeting until next week.
その会議を来週まで延期しました。

Please e-mail all the participants about the postponement of the meeting. 参加者全員に会議の延期をメールしてください。

Why don't you postpone the meeting? 会議を延期したらどうですか？

● 会議をキャンセルする

Please cancel the meeting. 会議をキャンセルしてください。

Let me cancel the meeting for tomorrow.
明日の会議をキャンセルしましょう。

I cancelled the meeting. 会議をキャンセルしました。

Please inform all the participants of the cancellation of the meeting.
全参加者に、会議のキャンセルを伝えてください。

● 残り時間

We have only ten more minutes. あと10分しかありません。

We should finish the meeting in 20 minutes.
20分以内に会議を終了しなければなりません。

We are running out of time for this meeting.
この会議の残り時間はなくなりかけています。

How much longer do we have? あとどのくらいありますか？

Do we have some more time for this meeting?
この会議にまだいくらか時間が残っていますか？

● 締め切り

When is the deadline for our answer?
われわれの返事の締め切りはいつですか？

What's the due date for the contract?
この契約の締め切り日はいつですか？

Should we decide the deadline now or later?
締め切りは今決めますか、それとも後で決めますか？

We missed the deadline by two days.
締め切り日から2日過ぎました。

How many days do we have until the deadline?
締め切り日まであと何日ありますか？

● 借りる

May I use your cell phone for a minute?
ちょっとの間あなたの携帯を貸していただけますか？

May I borrow your ballpoint for a second?
ちょっとあなたのボールペンを貸していただけますか？

Can we use your copier?　コピー機を使えますか？

Can we use your fax machine to send this document?
この書類を送るのにファックスを使えますか？

What is your password for Wi-Fi?　Wi-Fiのパスワードは何ですか？

Can I get your password for Wi-Fi?
Wi-Fiのパスワードを教えていただけますか？

● 途中退出する

I must leave now.　今から出かけなければなりません。

I have a flight to catch.　飛行機に乗らなければならなりません。

I must attend another meeting.　別の会議に出席しなければなりません。

I have to leave in the middle of the meeting.
会議の途中で退出しなければなりません。

May I leave now?　これで退出してもよろしいですか？

エクササイズ1

1 You have a good taste.

2 To tell (you) the truth, I don't do any sports.

3 What's your deepest discount?

4 That is exactly right.

5 May I interrupt you for a minute/ second?

6 Please accept my apology.

7 I'll be right back.

8 Today/It must be your lucky day.

9 Are you satisfied with our final price?

10 Frankly speaking, I don't like my current job so much.

エクササイズ2

1 What can I do for you? / How may I help you?

2 I'm looking for the original data of this report.

3 I kind of / somewhat like this watch.

4 Is there a post office in the neighborhood?

5 Please let me know if you come up with a good idea.

6 Can you persuade your manager to approve this project?

7 The new asking price is half the original price.

8 My wife is secretary to the chairperson.

9 This report is for your reference.

10 We need at least two more months to finish/complete this project.

エクササイズ3

1 Long time no see.

2 I've been keeping myself busy.

3 What brought you here this time?

4 What's the reason of your visit this time?

5 Yes, that's it/right.

6 What is your unit price?

7 We'll give you a 60% discount.

8 A little bird told me.

9 Is my understanding correct?

10 I must have a green light on this project from my manager.

1 How about you? / How's yourself?

2 I have good news for you.

3 You are eligible for a company car.

4 That's no problem.

5 You have to drive it yourself.

6 By the way, if I don't use a company car, can I have monetary compensation?

7 I changed my mind.

8 How much will I get a month?

9 On the following day, Bill calls Toru.

10 That's awesome/outstanding.

1 Thank you for meeting with me today.

2 I'm afraid that we made a huge mistake.

3 We are about to place an annual order.

4 I'm very sorry to hear that.

5 Please accept our deepest apology.

6 Is there any room for a further discount?

7 Do you really understand how serious this issue is?

8 It's a pity that we made such a mistake.

9 That's asking too much.

10 I'll have a hard time to convince/persuade my manager.

1 Thank you for calling.

2 This is Ann speaking.

3 May I speak with someone in sales?

4 I'll connect you with Steve Shultz.

5 How may I help you?

6 Please go ahead.

7 You had better take maximum advantage of this opportunity.

8 What are the terms/T's and the conditions/C's of this service contract?

9 Can we get a full refund?

10 Your story sounds like a snow job.

1 We are gathered here today to celebrate the tenth anniversary of our company.

2 Are there any other manufacturing candidate sources beside us?

3 I hope that no more costs incur other than the current ones.

4 I'm currently tied up with three projects.

5 As our deadline is getting close, we should do our best.

6 Do you sell this product in both retail and wholesale?

7 Since we don't have any time to lose, let's get down to business immediately.

8 We should capitalize on our past sales experience.

9 What does your talk boil down to?

10 How many products are you outsourcing?

エクササイズ7②

1 You had better apply for the position.

2 I'm responsible for this department.

3 Are you interested in this job?

4 You are a great asset to our company.

5 That's OK/all right with me.

6 I look forward to my summer vacation.

7 I have been in this position for the past five years.

8 You'll earn an annual salary of $120,000 as a second line manager.

9 Let me talk with my manager on this matter.

10 I'll wait for your call.

エクササイズ8

1 Judging from the record, half of the workforce left the company in two years.

2 Your presentation material leaves a lot to be desired.

3 In other words, your starting salary will be approximately $40,000.

4 Are you satisfied with the negotiation results so far? Not necessarily.

5 Why are our products not competitive? The reason behind that is that our manufacturing cost is too high.

6 In other words, we don't think that we are being treated fairly in this negotiation.

7 I'll take over your job starting next week.

8 The president of our company is the final decision maker.

9 Do you know our sales figures for last year?

10 Do you know how much we lost this year?

1 Our company has been making a large profit over the past five years.

2 And here is the crucial point.

3 That's an average increase rate in our industry.

4 Don't you think that's an overstatement?

5 I understand that you have no intention to accept our requests.

6 But it's just the norm in a democratic society.

7 We have no choice but to go on strike.

8 That's out of the question.

9 We'll stick to our guns about our demands.

10 Can we meet you halfway?

1 Sorry, but I'm busy now.

2 What is the purpose of your call /visit?

3 I'm about to go out shopping.

4 It/I won't take long.

5 Here you are. または Here it is.

6 How/What about shipping costs?

7 We will offer free delivery.

8 How are you going to pay for it?

9 Please charge it to this credit card.

10 Thank you very much for your order.

1 I would like to ask you a special favor.

2 What kind of data particularly do you want from us?

3 We would appreciate it very much if you could provide us with the information.

4 Wouldn't it be possible to reconsider your request?

5 Your request is beyond our capacity.

6 That sounds more doable.

7 Would one month be too short for you?

8 I have to check my schedule/ calendar.

9 We'll turn in the data in two weeks.

10 I don't know how to thank you and your engineers.

1 Congratulations on receiving such a big order.

2 Let me rephrase it.

3 Whatever you say, we will do that.

4 We have no other choice.

5 I'll call and brief him on this.

6 I completely agree with you that we shouldn't lose the order.

7 On the contrary, I have an alternative plan.

8 You hit the nail on the head.

9 Their cost is 15% lower than ours.

10 Let me do the rest.

1 I'm calling you in regard to a telephone survey.

2 May I ask if you happen to have relatives who were proved positive for COVID-19?

3 It will cost you a fortune to own a large mountain villa.

4 I would like to solicit you to donate money for helping patients with leukemia.

5 It's so sweet of you to do that.

6 Is there any limit to the amount of money I can donate?

7 I'm living on my husband's pension.

8 That's a little too much for me.

9 It was the least I could do.

10 Three hundred dollars is not a small contribution.

1 You were supposed to be here half an hour ago.

2 I was stuck in morning rush-hour traffic.

3 We are scheduled to finish it in 18 months.

4 I have to ask you to advance the completion date by six months.

5 City officials requested us to complete the bridge in time for the festival.

6 In order to advance the completion date, we need to increase the number of workers.

7 That's a tough question to answer.

8 Because there is no way for us to get the money for you.

9 Are you saying that we have to cover the additional costs alone?

10 It is imperative that you advance your completion date by six months.

189

1 What's the matter?

2 I would like to firm up the detailed schedules.

3 Let's get down to business.

4 Thank you for a rundown of the key items.

5 That's a good point.

6 I'll change it accordingly.

7 I'll put the changes in writing.

8 I'll keep you informed of any changes that happen.

9 Be sure to keep all the deadlines; otherwise we'll be in the soup.

10 I'm well aware of the importance of keeping the schedule.

エクササイズ16

1 Oh, my goodness!

2 Are you serious?

3 I think this quote should be considerably trimmed.

4 I'll be looking forward to receiving a reasonable quote the next time around.

5 I trimmed the old quote as much as possible.

6 Can't you cut the last $100,000 from the price?

7 OK, you win.

8 I'll settle with you at $250,000.

9 I cannot wait to see the beautiful Japanese garden.

10 Thank you so much for giving us the order.

エクササイズ17

1 How is business?

2 For a limited time, we can offer you a 50% discount.

3 How long will the window of opportunity be open for?

4 The discount is good until the end of this month.

5 Is that your best price?

6 That is still higher than what we can pay.

7 We can hardly make a profit for that price.

8 Thank you for responding to our request.

9 We need to exchange a time and materials contract on repairs.

10 Let me prepare a draft of the contract and e-mail it in two weeks.

エクササイズ18

1 I'm very happy to be at your service.

2 As a matter of fact, we have a surplus of 5,000 units.

3 What are you going to do with that surplus?

4 Its regular price is ten dollars apiece.

5 Could you give us a further discount on the unit price?

6 Our standard payment term is two months after receipt of products.

7 I think we can live with that.

8 That's a deal.

9 We'll e-mail you the minutes of the meeting today.

10 It's our pleasure to be of service to your company.

English **C**onversational **A**bility **T**est
国際英語会話能力検定

● E-CATとは…
英語が話せるようになるための
テストです。インターネット
ベースで、30分であなたの発
話力をチェックします。

www.ecatexam.com

● iTEP®とは…
世界各国の企業、政府機関、アメリカの大学
300校以上が、英語能力判定テストとして採用。
オンラインによる90分のテストで文法、リー
ディング、リスニング、ライティング、スピー
キングの5技能をスコア化。iTEP®は、留学、就
職、海外赴任などに必要な、世界に通用する英
語力を総合的に評価する画期的なテストです。

www.itepexamjapan.com

アメリカ英語による
アメリカ流交渉術

2021年5月8日　第1刷発行

著　者　浅見 ベートーベン

発行者　浦 晋亮

発行所　IBC パブリッシング株式会社
　　　　〒162-0804 東京都新宿区中里町 29 番 3 号 菱秀神楽坂ビル 9F
　　　　Tel. 03-3513-4511　Fax. 03-3513-4512
　　　　www.ibcpub.co.jp

印刷所　株式会社シナノパブリッシングプレス

ISBN978-4-7946-0659-4